世界高端文化珍藏图鉴大系

文玩核桃

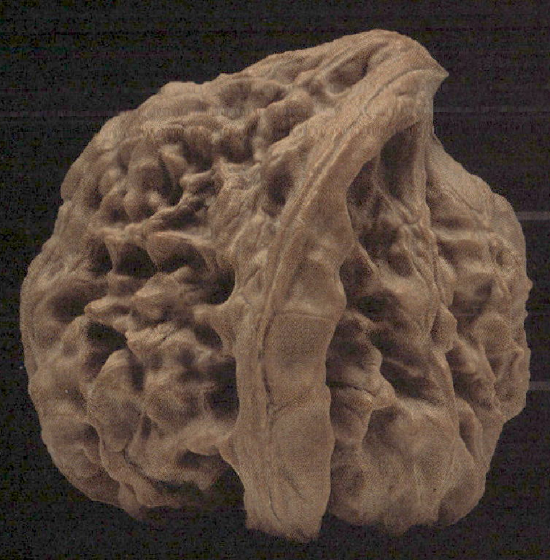

核桃

WALNUT

鉴定收藏与把玩

任泉溪 / 主编

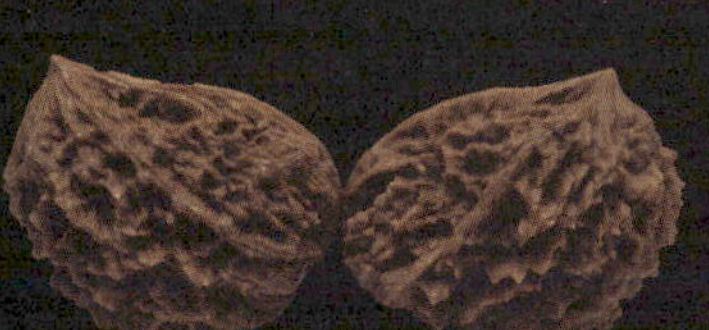
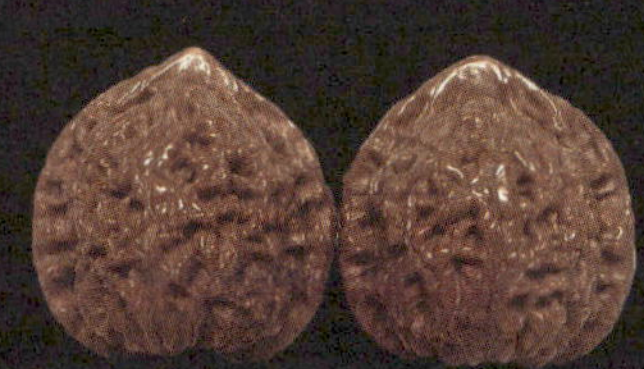
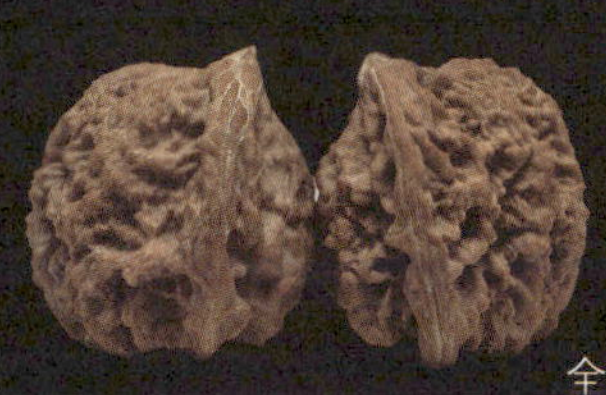

中国人口出版社
China Population Publishing House
全国百佳出版单位

图书在版权编目（CIP）数据

文玩核桃：核桃鉴定收藏与把玩 / 任泉溪主编 . —
北京：中国人口出版社，2020.11
（世界高端文化珍藏图鉴大系）
ISBN 978-7-5101-6947-2

Ⅰ . ①文… Ⅱ . ①任… Ⅲ . ①核桃—手工艺品—收藏—图集②核桃—手工艺品—鉴赏—图集 Ⅳ .
① G262.9-64

中国版本图书馆 CIP 数据核字 (2020) 第 083652 号

文玩核桃：核桃鉴定收藏与把玩

WENWAN HETAO：HETAO JIANDING SHOUCANG YU BAWAN

任泉溪　主编

责任编辑：魏志国
排版制作：文贤阁
出版发行：中国人口出版社
印　　刷：北京市松源印刷有限公司
开　　本：787 毫米 ×1092 毫米　1/16
印　　张：18
字　　数：179 千字
版　　次：2020 年 11 月第 1 版
印　　次：2020 年 11 月第 1 次印刷
书　　号：ISBN 978-7-5101-6947-2
定　　价：128.00 元

网　　址：www.rkcts.com.cn
电子信箱：rkcts@126.com
总编室电话：（010）83519392
发行部电话：（010）83530609
传　　真：（010）83519401
地　　址：北京市西城区广安门南街 80 号中加大厦
邮　　编：100054

前言

核桃本是用来食用的，常吃能强身健体。但除了食用之外，还有一种核桃是用来收藏和把玩的，这种核桃属于山核桃，人们称之为“文玩核桃”。文玩核桃来自大自然，吸收了天地之精华，形成了它淳朴典雅的色泽和安详恬淡的姿态，赢得了海内外人士的钟爱，在中华民族的传统文化中占有重要地位。

把玩核桃的最初目的是强身健体。现代科学证明，经常揉搓核桃能延缓机体衰老，对预防心脑血管疾病、避免中风有很大作用。对于那些长期从事案头工作的人群，把玩核桃更能起到舒筋活血、预防职业病的功效。因此，文玩核桃对于越来越重视养生的现代人来说，实在是不可多得的把玩之物。另外，经过手的长期揉搓、汗的浸润、油脂的渗透、时间的打磨，文玩核桃最后会成为一件亮里透红、红中透明，不是玛瑙胜似玛瑙的天然艺术精品。核桃的这种古朴淳厚、不媚不俗的气质可以让压力巨大的现代人放松身心，因此核桃越来越受到人们的欢迎。

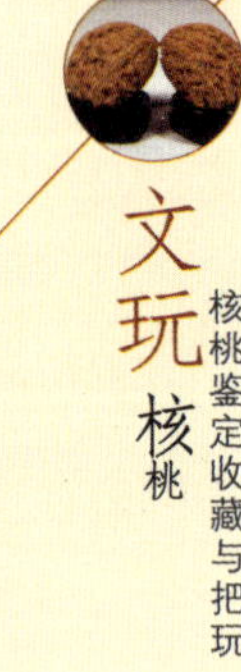

基于此，很多朋友都想加入把玩核桃的行列，但对把玩核桃有着各种各样的困惑：不懂把玩，不会挑选，怕购买到假货。在这种情况下，我们精心编写了此书。本书从实际出发，介绍了核桃的产地、品种、把玩、鉴伪、收藏、保养等方面的知识，书中的图片都标注了尺寸和市场参考价等信息，这样，喜欢文玩核桃的读者对核桃能有一个脉络清晰的了解和认识。这是一本实践型的收藏图书，有很强的可读性。

由于编者水平有限，加之时间仓促，书中难免会有疏漏之处，敬请广大读者批评指正。

目 录

第三章　文玩核桃的选购与鉴别 / 049

第四章　文玩核桃的收藏与保养 / 076

下篇
妙趣无穷——文玩核桃详解 / 095

前世今生

——文玩核桃综述

第一章 认识文玩核桃

文玩核桃的概况

核桃原名胡桃，又叫长寿果、万岁子或羌桃。据《名医别录》一书记载："此果出自羌胡，汉时张骞出使西域，始得种还，移植秦中，渐及东土……"羌胡古时指现在的南亚、东欧及中国新疆、甘肃、宁夏等地。《河南省林县县志》载："核桃本名胡桃，晋石勒羯人讳胡，故更名为核桃。"此名延续至今。

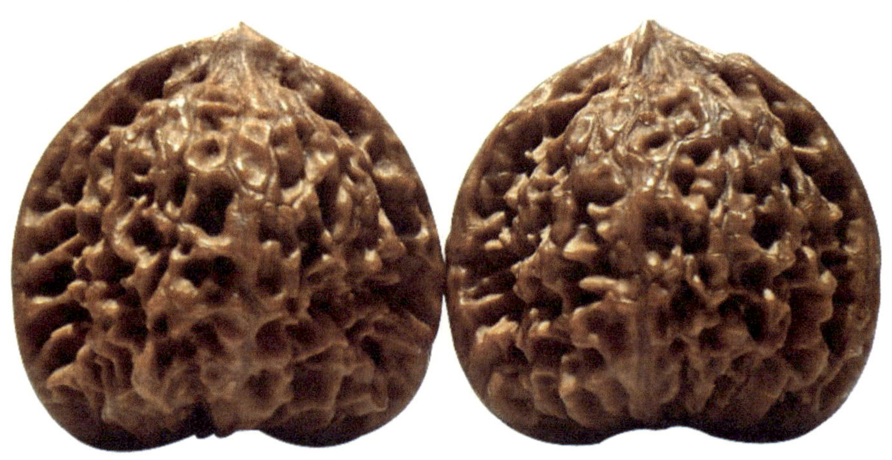

豹纹狮子头

灯笼核桃

但是，又有人说，在我国古籍《史记》和《汉书》中都没有记载张骞出使西域时带回核桃的说法。而且，我国考古工作者在西安半坡遗址发现了核桃花粉沉积，河北武安市还曾出土过核桃化石。河北农业大学郗荣庭教授在《关于我国核桃起源问题的商榷》一文中认为，核桃不是起源于一地而是起源于多地，提出中国应是核桃起源地之一的论点，从而否认了张骞从西域带回核桃以后中国才开始有核桃这一流传久远的说法，证实了中国是核桃起源地之一。

灯笼核桃（侧面）

白狮子（正奔三棱）

我国栽培核桃已有两千多年的历史了，其种植区域分布较广，其中以河北、陕西、山西为最多。

核桃种类中除食用核桃外，还有一种可供把玩的核桃，又称“手疗核桃”，也叫“健身核桃”或“掌珠”，行内人称之为“文玩核桃”。文玩核桃既可供人观赏，又可收藏，还可做成雕刻核桃。文玩核桃是在核桃成熟七八分的时候摘下来，选择纹理深刻，大小、花纹、体积甚至重量都差不多的组配成对。通过长年把玩，其颜色会由浅变深，最后变成红色。常年揉搓核桃，做一些手部运动的同时可以锻炼大脑，老年人把玩可以降低老化速度。

在古代，人们称文玩核桃为“揉手核桃”，它起源于汉，流行于唐宋，盛行于明清。清朝末年，京城中曾流传着“贝勒手上有三宝，扳指、核桃、笼中鸟”“文人玩核桃，武人转铁球，富人揣葫芦，闲人去遛狗”之说，可见当时把玩核桃之盛况。

说起文玩核桃，因各地文化底蕴不同，叫法也各不相同，比如说，西北人叫“耍核桃”，北京人叫“把玩核桃”或“揉手核桃”，还有的地方叫“健身核桃”“麻核桃”，不管哪种说法，都表达了核桃的同一种作用——健身。将核桃团于手中会通血脉，对于手脚不灵活和中风偏瘫者均有很好的疗效。另外，若是把玩时间比较长的话，其声犹如金石一般，颜色也是赤如朱砂，经过盘玩包浆后更是晶莹剔透，让人爱不释手。

鸡心核桃

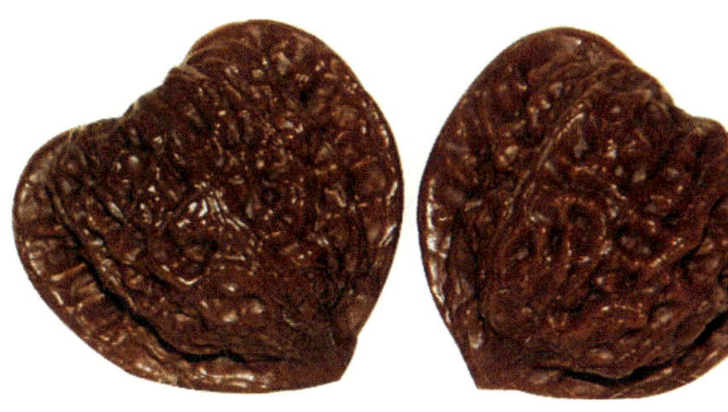

崔凯公子帽

文玩核桃的产地

我国产核桃的地区非常广泛，北至黑龙江，南到云南、贵州，西至新疆，东到山东、辽宁，其产地覆盖了全国绝大部分区域。至于符合文玩标准的核桃的产地，主要集中在华北、西北、东北及西南。其中，品相、质地良好的文玩核桃多产自北京、河北、天津、山西等地。这些地区的气候、环境最适宜文玩核桃的种植和生长。

西北地区的核桃产区包括山西、陕西、甘肃、宁夏、新疆等地。陕西秦岭是灯笼核桃的主要产地，产量很高。此地产的核桃个头大、外形饱满、毛刺多。陕西商洛市洛南县古城镇也是重要的核桃生产基地。陕西其他地区还出产官帽等品种，其特点是个头较大，外形、皮质与北京等地的官帽差异很大。新疆的部分山区也有野生的山核桃，属于楸核桃品种，质量中等。

西北地区比较突出的核桃产地是山西。山西产的公子帽、官帽、狮子头都是比较优良的品种，特别是靠近河北山区出产的核桃品质更佳。

崔凯公子帽

老款公子帽

东北产区包括黑龙江、吉林、辽宁，以楸核桃为主。吉林地区的核桃产量较高，质量也不错。

西南地区以出产铁核桃为主。其中云南主要产文玩的老铁。云南的原始森林环境纯净无污染，这里生长的老铁没有经过任何现代科技的加工改良，保持着谦谦君子的本性，隐身于山林之中，少了一分尘世浮华，多了一分宁静淡泊。

质量最上乘的文玩核桃品种主要集中在北京、天津、河北的山区，下面就几个著名的产区做简单介绍。

北京平谷：平谷在历史上就是文玩核桃的主产区。这里出产的核桃不但质地优良，而且此地位于北京和天津这两个对核桃需求量较大的城市中间，核桃便于流通。这里有棵著名的老树——四座楼，结下了很多精品闷尖狮子头。这棵老树现在已经死了，由于嫁接技术的发展，已经有嫁接品种的出现，但品相与老树的产品还是有一些区别的。另外，平谷的官帽也很受欢迎，外形是传统的标准，由于基本上是野生的，产量较低，个头较小。市场上平谷产的狮子头的特点是皮质坚硬，纹路好，大肚，大底座。

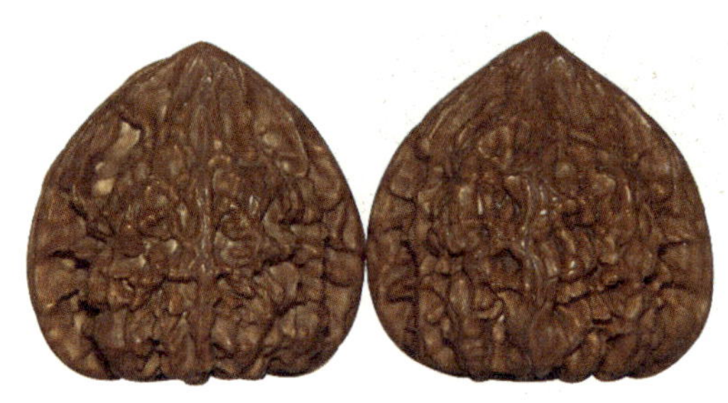

大纹虎头

南将石狮子头

河北涞水：河北涞水是近十几年来兴起的核桃产区。涞水的土壤、气候非常适于种植文玩核桃，现在已经形成了以石亭镇色树村，娄村镇南安庄、虎过庄、西安庄、太平庄、长安庄为中心的全国最大的文玩核桃种植基地。嫁接核桃的数量非常多，出产鸡心、狮子头、虎头、公子帽等多个品种。麦穗虎头、白狮子头、涞水公子帽都是这个地区出产的。

北京门头沟：这里也是核桃的主要产地，出产的核桃质量很高，但产量不多。主要品种有狮子头、虎头等。土生土长的门头沟人都懂得文玩核桃的价值，说起核桃，山里的农民都能说得头头是道。由于气候、土壤非常适宜种植核桃，近些年来，门头沟的嫁接核桃越来越多。门头沟的闷尖狮子头颜色红润漂亮，底座呈菊花纹路，脐部小，个头矮，具有一种诗意美，但是现在已经绝迹。其他品种比较少见。

天津蓟州：蓟州是天津市唯一的核桃产地，著名品种很多，是2010嫁接核桃的主要产地。蓟州核桃外形粗犷，纹路清晰，由于在地域上与北京的平谷相邻，核桃的特征也有些相似。蓟州盘山公子帽是最受人们欢迎的。另外，比较有名的是马老四的狮子头和黄崖关的虎头。

野生大肚虎头

细纹狮子头（异形连体）

河北承德：承德也是传统文玩核桃的主要产地，但近几年名气变小了。承德出产的核桃有狮子头、公子帽等优良品种，也出产楸子。此地的狮子头，个头一般不大，比较矮，底座大，肚大，纹路稍浅。以前，承德公子帽也是非常受欢迎的品种，但近几年非常少见。

河北张家口：此地区野生山核桃众多，但由于交通不便，外界知之甚少，不过潜力巨大。涿鹿县南将石狮子头是这里最有名气的品种，外形粗犷，纹路美观细致，大凹底，菱形脐，四瓣嘴，特征明显，但产量稀少，近些年来大受欢迎。

细纹狮子头（异形连体）

细纹狮子头（异形连体）

楸子类异形小辣椒

文玩核桃的分类

文玩核桃的产地和种类各异，大致分为麻核桃、楸子核桃、铁核桃三大类。

在市场上我们会经常看到铁核桃，其在外观上没有太大差别。主要品种有蛤蟆头、元宝、铁球、异形（三棱、四棱）等。我国很多地区都产铁核桃，而且产量也比较大，因此在市场上的价格比较便宜。铁核桃的特点是纹路一般不太深，尖比较小，个头比较大。铁核桃比较适合刚入此行的核桃爱好者把玩，价格相对比较便宜，而且不是很怕摔。

楸子的产量也比较大，主要品种有鸭子嘴、鸡嘴、子弹头、枣核等。一般异形的价值比较高，如双联体、三棱、四棱，等等。我国很多地区都产楸子，包括东北、河北、山西等地。楸子的造型富于变化，纹路很深，深受老年人的喜爱。当然楸子也有自己的收藏价值，一对品相好的异形楸子价格也是不菲的。

将军膀

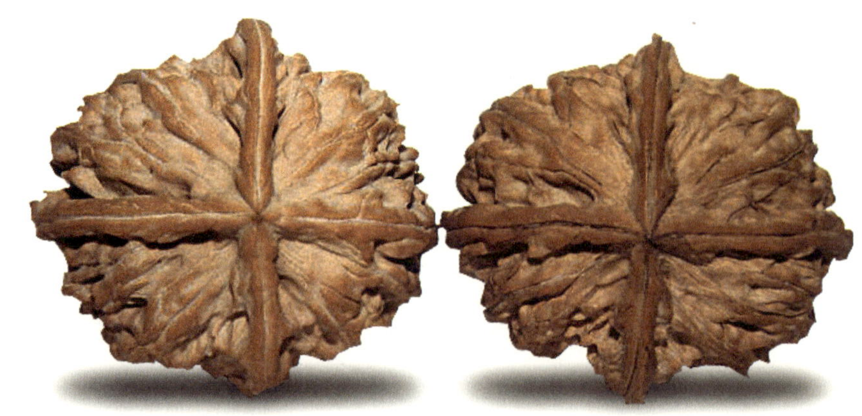

四棱狮子头

我们常提到的“四大名核”都属于麻核桃，其主要品种有：狮子头、虎头、官帽、公子帽、鸡心、罗汉头等。河北、天津、山西和北京的部分山区是麻核桃的主要产地。麻核桃无论是个头、颜色、外形，还是质量，都具有很高的标准，而且野生核桃数量稀少，因此一直深受世人推崇。麻核桃的市场价格比较高，一般十几元至几千元不等，更有甚者高达几万元，甚至十几万元。现在野生核桃树种越来越少，质量好的麻核桃的价格自然是连年上涨，在收藏界成为人们竞相追逐的宠儿。在麻核桃当中，质量上乘的狮子头是最稀少的，其中又以闷尖、矮桩、大底座、水龙纹，边宽在4.5厘米以上的老款狮子头最弥足珍贵，通常可遇而不可求，极富收藏价值。

除此之外，文玩核桃还有很多分类方法，下面我们简单介绍一下。

野生雪花流水公子帽

★ 按品种划分

有狮子头、虎头、鸡心、官帽、公子帽、灯笼、罗汉头、状元冠核桃等。

★ 按尖划分

有闷尖和大尖核桃之分。

★ 按棱划分

有两棱、三棱、四棱核桃等。

★ 按高矮划分

有高桩和矮桩核桃之分。

★ 按纹路划分

有粗有细，有深有浅，有满天星，还有水棱纹核桃等。

★ 按边划分

有大边、小边、厚边、薄边核桃等。

★ 按异形划分

有连体、鹰嘴、佛肚核桃等。

★ 按生长条件划分

有野生和嫁接核桃两种。

东北野生塔形大楸子

★ 按年份划分

有新老核桃之分。一般把玩30年以上的核桃就可以算老核桃。

★ 按生长地区划分

有华北、西北、东北、西南核桃四种。

异形核桃

主要是指在自然的生长环境中外形发生了变异的核桃。当然，由于现在市面上多为嫁接核桃，不排除人为控制核桃生长过程中的外部因素而导致核桃本身变异或人为后天加工。异形核桃往往价值不菲，想要辨别是天然形成的还是人为造成的，并不是一件容易的事。因此，大家在购买时应格外注意，不要一味追求“奇”，而忽略核桃本身的品质。通常野生的异形核桃个头不会很大，一般有双棒连体、鹰嘴、五湖四海、一统江湖、三棱、四棱、五棱、六棱、七棱、八棱核桃等，七棱、八棱是非常少见的，通常老树结多棱果的可能性较大。

花生形核桃

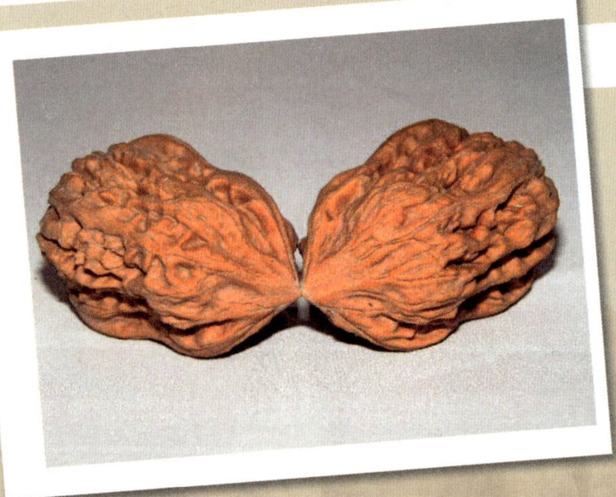

一道筋核桃

苹果园狮子头

闷尖虎头

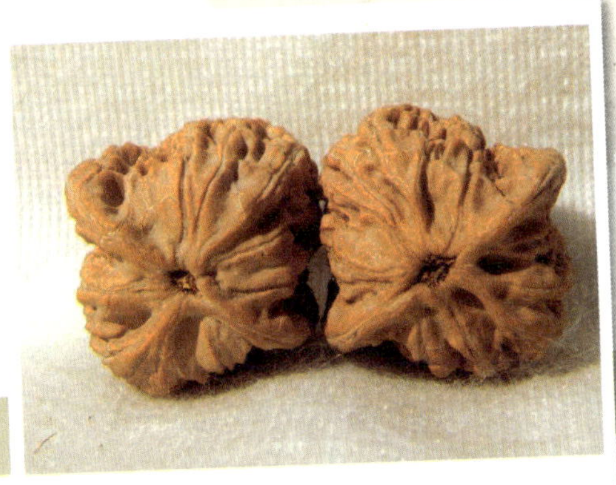

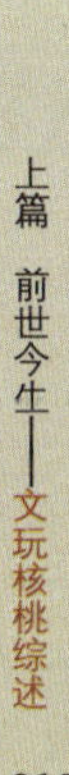

密纹狮子头

四座楼狮子头

野生核桃与嫁接核桃

关于核桃的野生和嫁接问题是近年来核友们议论最多的话题。那么，什么是野生呢？大家都知道，无非就是不经过人工干涉，完全在野外的自然环境中自生自灭的树种。就拿现在市场上说的野生南将石、野生盘龙狮子头等来说，虽说树是野生的，可还是经过了不同的人工护理，比如说防虫、浇水、施肥等，已经丧失了真正意义上的野生了，只能说是老树或者是原树。而真正纯野生的狮子头，经风吹雨打、虫咬鼠啃，自然其貌不扬，不适合收藏把玩。而且没有经过修剪的树，会一味地长高，这就导致结的核桃特别小，自然没人会收藏了。

再说嫁接。在核桃嫁接初期，基本都是把野核桃嫁接在自家的绵核桃（就是吃的核桃）树上。但这样的结果就是，初期的嫁接核桃除了个大以外没别的优点。后来随着时间的推移，核农们有了知识和技术，现在嫁接出来的核桃都非常美观。

嫁接核桃有两种，一种是母本嫁接，一种是纯嫁接。

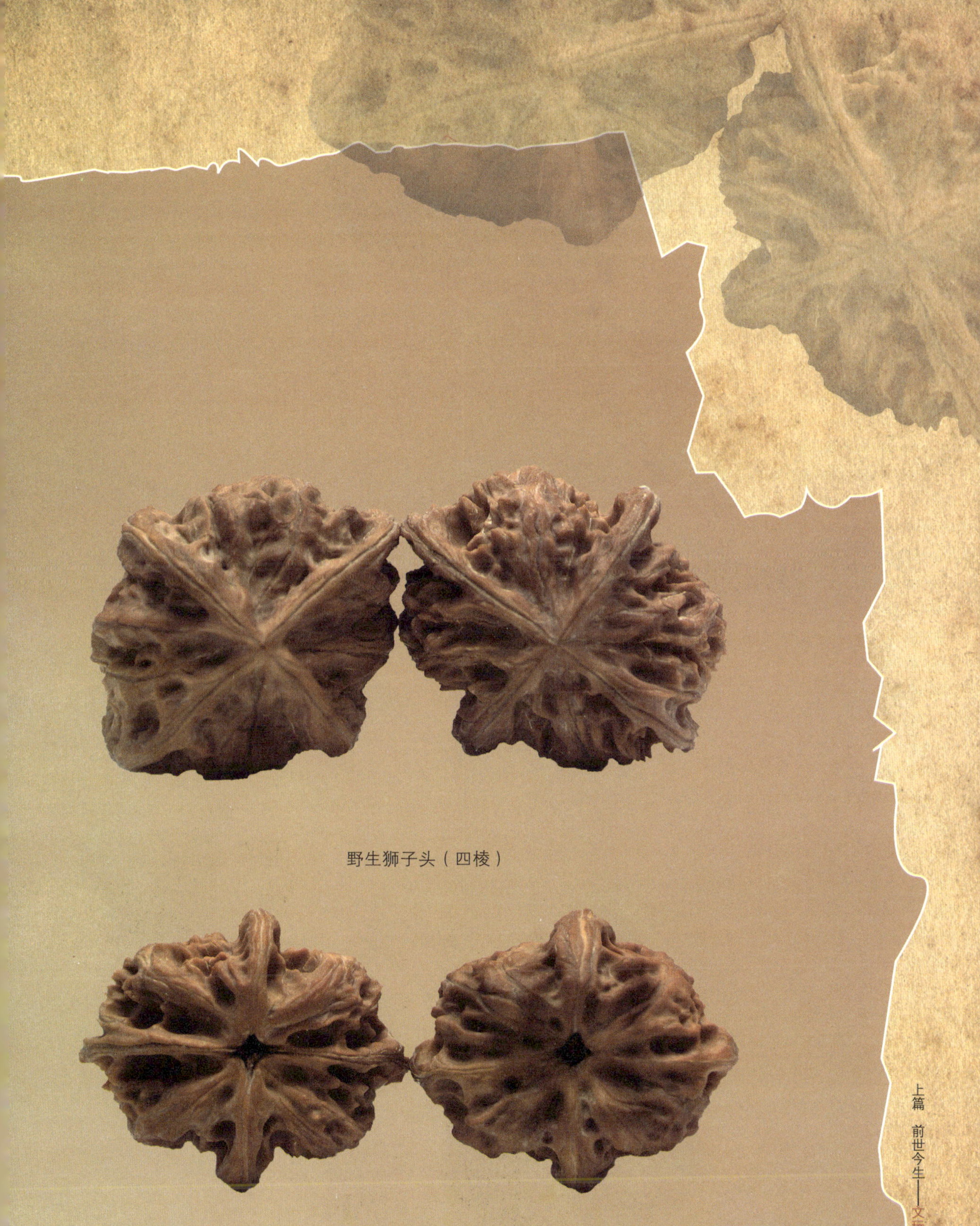

野生狮子头（四棱）

白狮子

母本嫁接就是以野生或老树原生树种作为枝杈嫁子进行嫁接，比如南将石、麦虎、矮密、四座楼、满天星等。

纯嫁接是通过基因重组技术进行嫁接，没有母本枝杈作为嫁子，比如白狮子、红狮子、灯笼狮子、刀子、流星雨等。

文玩核桃的养生功效

将核桃放在手掌中把玩，通过揉、搓、压、捏、蹭、滚等动作，使得核桃的尖刺、凸起和棱角压扎双掌上的穴位，刺激手上反应区，进而活脉通络、活血化瘀、强身健体。

★ 按摩手心

按摩手心可以改善心肺的血液循环，防止动脉硬化。

元宝狮子头核桃手串

★ **按摩拇指**

按摩拇指可以改善神经末梢功能，维持体液酸碱度平衡，治疗肝脏等器官疾病。

★ **揉搓食指**

揉搓食指可以调节消化系统，有助于人体营养的吸收，健脾胃，疏肝利胆，治疗肺脏器官的疾病。

★ **按摩中指**

按摩中指可以预防脑血管疾病，改善脑部血液循环，治疗心脏疾病。

★ **按摩无名指**

按摩无名指可以调节神经系统功能，预防和治疗癫痫。

★ **按摩小指**

按摩小指可以改善呼吸系统和泌尿系统功能，预防感冒和肾脏疾病。

大肚马蹄狮子头

第二章 文玩核桃的把玩之趣

文玩核桃的把玩技巧

把玩核桃并不是简单地拿在手中揉搓，而是要玩出水平，玩出雅致。以前朋友们玩核桃，总是让两个核桃相互摩擦或者碰撞，这种玩法在当时可谓风靡一时，是大家追逐的时尚。但是因为摩擦或者碰撞会损害核桃的纹理，所以现在人们都不用这个玩法了。上述玩法除了会损害核桃的纹理之外，还有一个原因，就是不是人人都爱听核桃摩擦或碰撞的声音，为了不引起周围人的反感，核友们就放弃了以前的玩法，创造出一种新的玩法。

★ 搓核桃

就是双手各握一个核桃，用大拇指搓核桃，搓动的方向是由核桃底部向尖部方向进行，用力程度以感到舒适即可。

搓

★ **揉核桃**

一般是单手握两个核桃。若是右手握核桃的话，就按顺时针方向揉动；若是左手握核桃的话，就按逆时针方向揉动。

揉动的时候不要使两个核桃相互摩擦或碰撞，手用力要适度，这样才有可能有效地刺激手中的穴位，感觉到舒适即可。还有一些新手因为不熟悉或怕损害核桃，不敢用力，反而造成核桃经常滑落。

如果揉的是长方形的核桃，个头还比较大的话，握核桃的方法是底部在手心，尖部朝上。

揉

攥

★ 攥核桃

就是双手各握一个核桃，用掌心内部攥握核桃，简单地说就是握拳，握一下松一下，用力程度以感到舒适为宜。

★ 擦核桃

单手握一个核桃，在另一只手上摩擦，可以是手心，也可以是手背，还可以用核桃的尖部按压手上的穴位，两手之间可以互换，用力程度以感觉舒适为宜。

擦

把玩文玩核桃的注意事项

新手把玩核桃会犯很多错误，有些是因为不注意，有些是因为他们根本就不知道什么是对什么是错。这样不但影响把玩后的效果，还会毁掉很多珍品。所以在这里简单说明一下。

★ 不要乱放

有些核友在把玩核桃后，随意放在一个地方，若是家中有小孩，或是养有宠物，就有可能对核桃造成损害。

★ 不要抠底

有些新手看着核桃的气门不是太干净，就用手指或者比较细的东西又抠又擦。其实这是一个最低级的错误，因为若是把核桃的气门里的蒂给抠出来，就会出现大黑洞。

状元冠核桃

密纹狮子头

★ 不要用力过猛

有些人认为把玩核桃用的力气越大，把玩的效果越好，殊不知这样不但不会增加把玩效果、提高其本身价值，还会损伤核桃的纹路，不是把尖玩掉了，就是玩裂了。

★ 不要摔落

有些核友在把玩核桃时，会造成核桃从手中脱落，造成这个的原因一是动作不熟练，二是没有掌握把玩的要领，三是根本不在意。所以把玩时一定要掌握动作要领，熟悉把玩动作，小心谨慎，千万不要因一时大意，把一对上好的核桃给摔坏了。

★ 不要给小孩子玩

有些核友会把自己的核桃给自己的晚辈玩，但是小孩会随便乱扔，甚至把核桃当球踢。

不同的手揉核桃的效果

1. 中性手　这类手掌汗液、皮脂分泌适宜，乳状皮脂膜中皮脂和水分平衡，肤质类型很健康，是可以玩出精品核桃的手掌。

2. 干手　这类手掌不爱出汗，皮脂腺分泌也少，盘玩核桃上色和包浆都非常慢。

3. 汗手　手掌分泌汗液量较大，但是皮脂腺分泌量少。这类手掌盘玩核桃初期上色快，但是出包浆速度很慢。

4. 油汗手　手掌分泌汗液量较少，皮脂分泌量大，手掌总感觉油腻腻的。相同情况下盘玩核桃上色较慢，但是挂瓷后通透度极佳，是盘玩核桃不可多得的极品好手。

麦穗纹虎头（鹰嘴，单只）

把玩文玩核桃的基本原则

把玩核桃时要用力，更要用心，一定要坚持不要碰、不要响、不要刮、不要摔这四项原则。

★ 不要碰

核桃手疗主要是以手搓揉、压扎按摩手掌各部位，倘若两核桃相互碰撞，不仅会减小核桃对手掌的按摩力度，还会使凸起、纹路、棱条变形，失去其艺术观赏价值。

★ 不要响

不要让核桃搓揉出声音。核桃之间摩擦所发出的声音属于噪声，质地结构越好，其噪声污染越重。更何况在人群中，你手中的核桃发出“咔咔”的声响，也很不礼貌。

★ 不要刮

手疗核桃有四项功能，一是运动双手，二是压扎穴位，三是刺激反射点，四是打造艺术品。若不慎在面、尖上刮出伤痕，放大镜下看得一清二楚，想再消除就很难了。所以，在搓揉时要小心谨慎，千万不可刮伤。

麦穗纹虎头

★ 不要摔

核桃的尖、棱条和凸起容易损伤。何况我们所处的环境不是水泥路，就是大理石地面，要么就是瓷砖铺的走廊，核桃摔在地上不伤即损。为防止损伤，在手疗中要采取先搓后揉、先慢后快、先轻后重的方法。特别是中老年朋友，早晨起床不要立刻揉，应先一手持一个核桃，慢慢搓，待手搓热，指关节灵活了，再上手快速旋转。

文玩核桃的配对

很多把玩核桃者都喜欢给核桃配对，他们认为一个核桃太孤独，把玩起来也没多大意思，而且其收藏价值也不高，所以很多核友们都喜欢给核桃配对。但是核桃的配对也是有一定讲究的，一些原则大家都知道，如形状、尺寸大小、皮色、纹路等，但是对于其中的细节问题却知之甚少。那么，什么样的核桃算是配对好呢？核桃配对好的标准是什么？核桃配对好的标准主要包括以下几个方面：

蓟州闷尖狮子头

三棱人字异形狮子头

十字尖狮子头

灯笼核桃

蓟州野生闷尖虎头

老款杨家坪公子帽

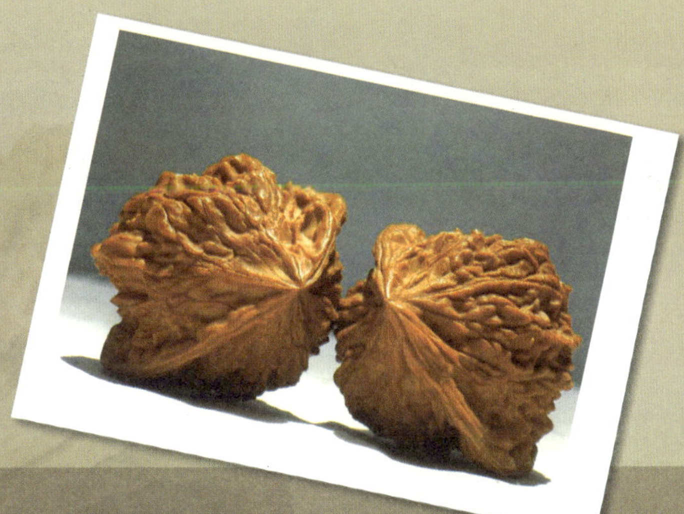

★ **尺寸相同**

给核桃配对时，要注意核桃的边、肚、高矮都要相同，如果实在找不到合适的，可退而求其次，但是两者之间的最大误差不能超过0.5毫米。

★ **纹路相同**

给核桃配对时，除了尺寸相同外，纹路也要相同，主要是核桃肚上的纹路要相似，区别不能太大。

★ **形状相同**

先看核桃的边和肚的弧度是否一致，再看肩的高矮是否一致，最后看核桃底部的大小、凹凸和尾的大小是否相似。

★ **皮色相同**

阴皮、白尖、黄边这些一律除外，不予考虑，颜色要一致，不能有色差。

南将石鹰嘴

南将石狮子头

文玩核桃的上色

在把玩核桃时，人体会分泌汗液，而人体的汗液含有很多成分，如微量的尿素、水、盐等，再加上手的摩擦、发热，核桃会发生微妙的变化，而且核桃体内含有花青素，当汗液渗入核桃内，就会促使核桃细胞内的花青素被激活，从而起到抗氧化的作用。随着花青素不断地被消耗，逐渐地就产生了红色，这就是核桃变得红润光滑的原因。

夏天是核桃变红的最好季节，因为天气比较炎热，人体排出的大量汗液会浸到核桃中，而且高温也会使核桃内部果仁分泌油脂，并向外渗透，这样双管齐下就能达到最好的效果。在核友们中间一直流传着“冬天发亮，夏天发红”的

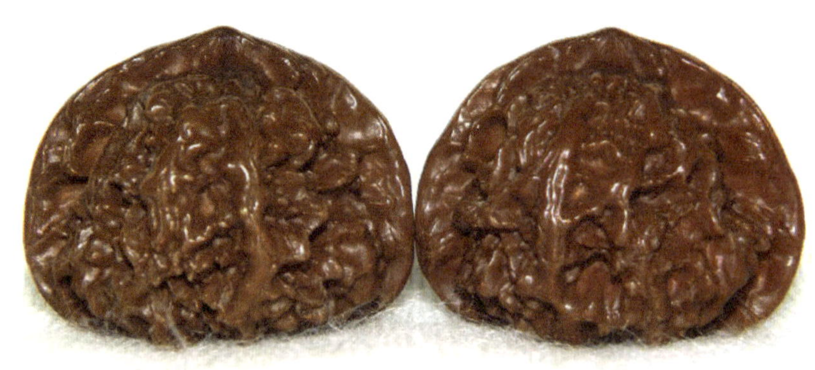

老马蹄狮子头

闷尖狮子头

俗语。

有些核友买到核桃后，看到别人的核桃颜色红润，色泽艳丽，就迫切地想让自己的核桃也变红，然后就想出了很多办法，比如用香油、用辣椒油、涂抹护手霜等。其实涂抹护手霜和上油都会改变核桃表皮的酸碱度。人的汗液本身就是碱性的，长期让核桃处于一个碱性的环境自然会上色了。

把玩核桃是为了修身养性、陶冶情操，不必着急上火，慢慢把玩都会变得光亮红润。在这里还要告诉大家的是，那些用油或者化学药品泡过的核桃一般都会发黑、发暗，颜色不正。

核桃变红，多是通过慢慢把玩，随着时间的推移，把手中的汗渍和油渍渗入核桃表皮而自然实现的。不过，也有一些快捷的方法可以使核桃变色快。其操作过程如下：

（1）把玩核桃时，可以先将一个塑料袋吹满气套在手上，之后再开始把玩。经30分钟左右，等到塑料袋的内壁上爬满水珠时，即可将塑料袋去掉。

（2）去掉塑料袋后，趁着核桃上还有汗渍，马上涂一层核桃油，把核桃放进塑料袋内，然后再吹满气，扎紧口。

（3）等到第二天早上，再把塑料袋打开，取出核桃把玩。

如此这般，坚持天天做，核桃会很快变红的。

野生百里峡公子帽

把玩过程中的常见问题

★ 核桃的白尖

核桃出现白尖是因为采摘时核桃还没有成熟。核桃一般都是在白露后成熟，但一些农民为了经济利益，会提前采摘，保存起来，等到白露后再拿出来卖掉。

核桃的白尖是不能通过把玩来消除的，把玩到一定时间后，核桃的白尖就掉了，其顶部就会形成一个洞。

★ 核桃的阴皮

核桃的阴皮分为黑阴和红阴两种。

黑阴很难揉掉，无论用什么方法揉，阴皮部位的颜色都会比其他地方深。有的核商会用双氧水清洗阴皮，虽说当时能洗掉，可是一经把玩，阴皮又会显露出来。

有人说红阴能揉掉，但到底能不能揉掉，还有待确认，有些核商也说红阴可以揉掉，对于带红阴的核桃他们一般都不做任何处理。

老树南将石

老树南将石

★ **核桃的青皮**

核桃刚采摘下来时都有一层青皮，以前主要采取人工手扒或者深埋地下腐蚀等方式去掉青皮。

人工手扒青皮，现在已经没人这么做了。因为核桃的青皮带有一定的毒素，而且人工手扒速度太慢。深埋地下腐蚀青皮，会对核桃造成一定的损伤，严重的会有阴皮出现。

目前常用的方法是：将核桃浸泡在3000~5000毫克/升的乙烯利溶液里，然后放入麻袋或塑料袋中，置于阴凉处，过5天左右取出，轻轻一摔，青皮自然脱落，再用刷子将核桃清理干净，所得的核桃外观相当漂亮。

★ 核桃的开裂

核桃开裂的形式一般是：底裂、边裂、肚裂和尖裂。造成核桃开裂的原因无非是核桃进水了，或者是温差太大。当然，这里所说的开裂只是出现一些细小的裂纹，并非完全裂开。

开裂核桃的修复方法：

（1）找一个塑料袋，把开裂的核桃放进去，往里面滴一滴水，再扎紧口，置于阴凉处。

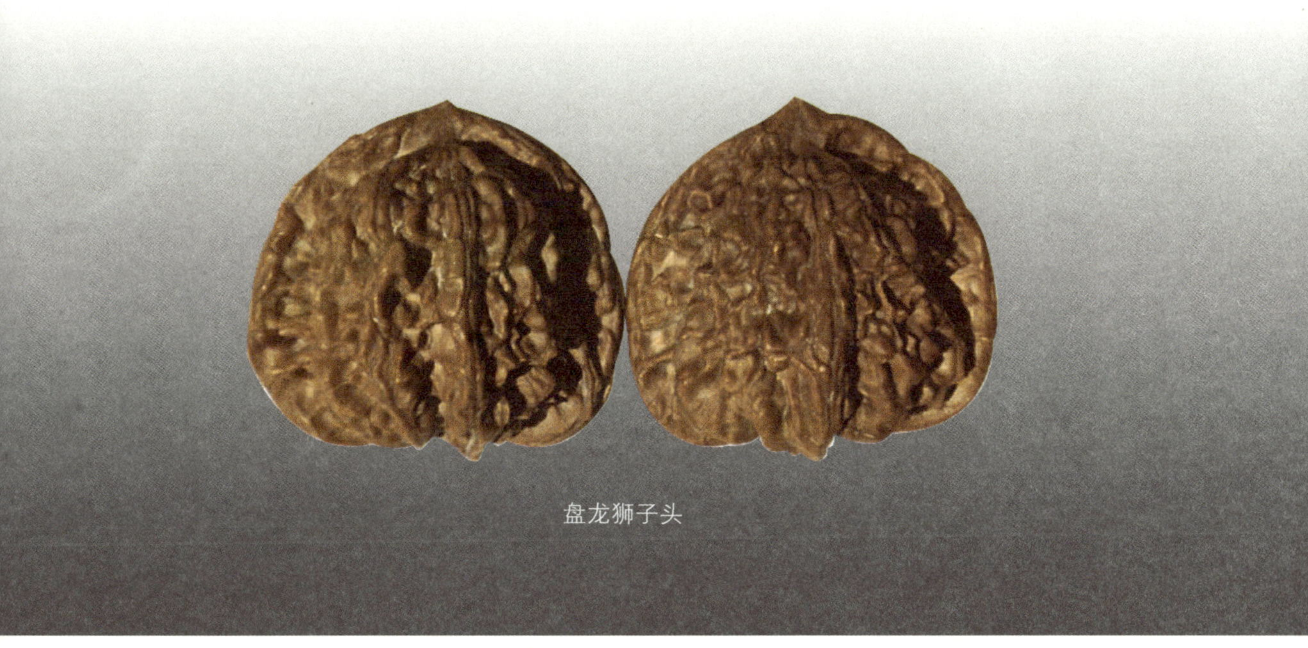

盘龙狮子头

（2）经过24小时后取出，一般都会修好的。

还有一个方法，若是核桃的肚和底开裂了，可以从核桃的尾（脐）处滴几滴502胶；若是尖和边的话，在其裂纹处直接滴上502胶，然后再涂抹一些核桃油即可。

苹果园狮子头

★ 干手揉核桃

干手就是指手不出汗，这会造成核桃上浆、上色慢。那么，如何解决这个问题呢？

（1）使用一些化妆品，比如大宝SOD蜜，它的成分主要是SOD（超氧化物歧化酶）、人参提取精华、黄芪提取精华、甘油和硅油，可改善皮肤干燥，为皮肤补充水分，营养滋润皮肤。从大宝SOD蜜的成分和作用来看，对核桃没有什么坏处，特别是对于手干的核桃玩友很有帮助。

（2）即前面提到过的快速上色法，这里不再赘述。

秦皇岛青龙山野生公子帽

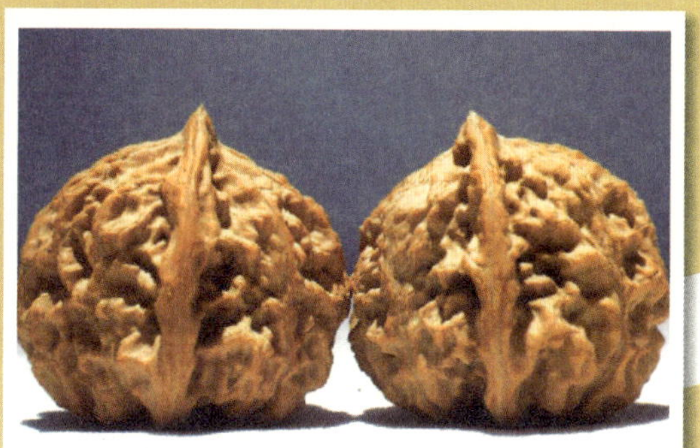

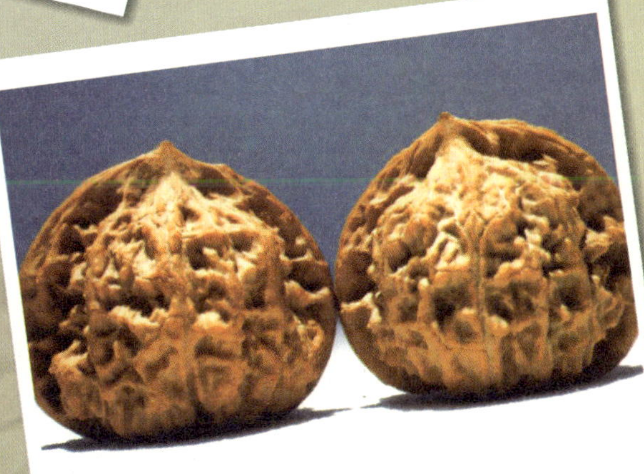

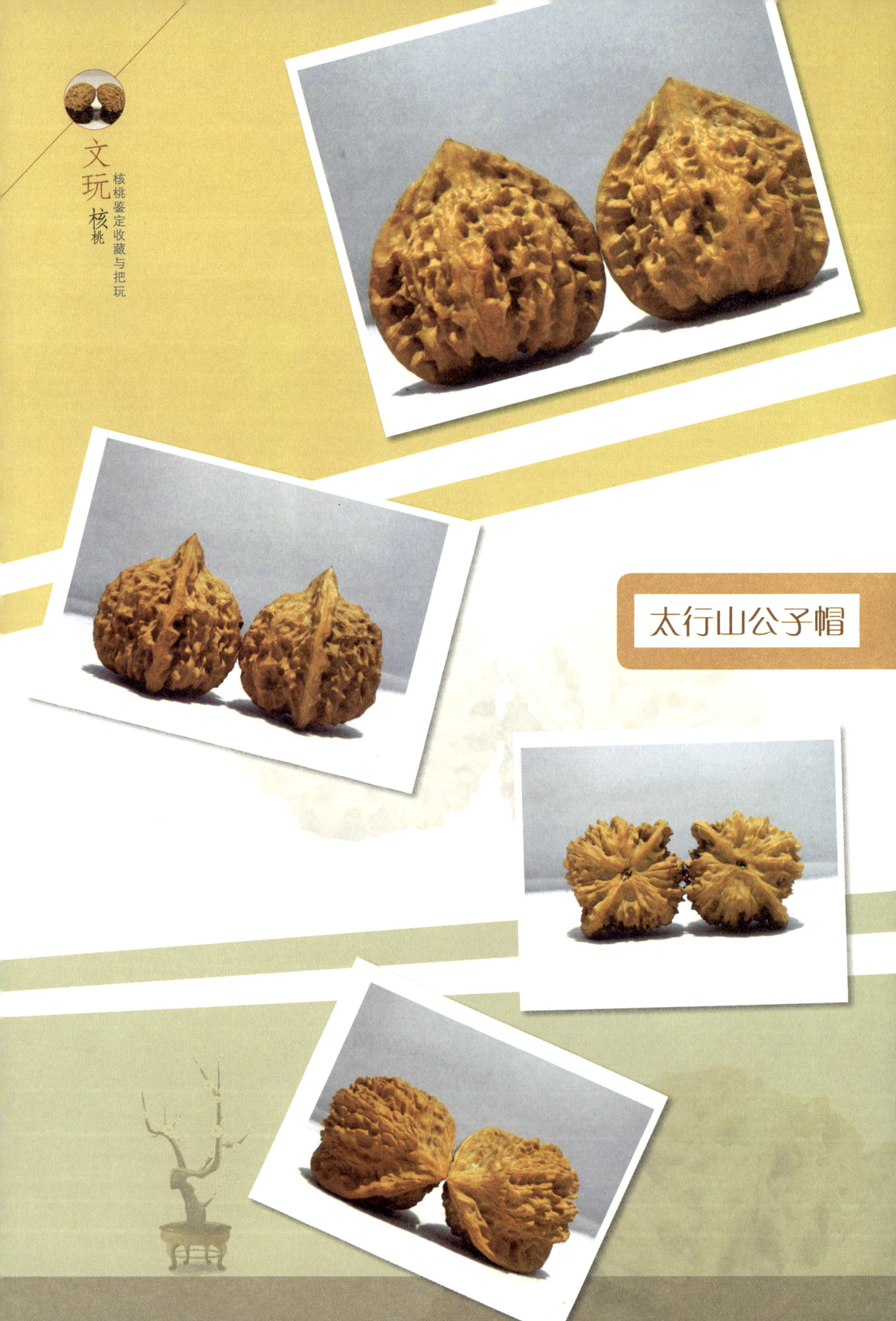
太行山公子帽

野生深纹状元冠

崔凯公子帽

大肚马蹄狮子头

怪形核桃

第三章 文玩核桃的选购与鉴别

文玩核桃的选购

如何选择文玩核桃是核桃收藏者最关注的问题，也是他们经常遇到的烦恼。这里根据一些专家的看法和一些核桃收藏者的意见，总结出两种技巧，一是“六无”，二是“七字诀”。

★ “六无”

1.无缺损

无缺损就是说核桃的每个面都是完好无损的，特别是核桃尖和边，如果稍有损伤，就会失去其艺术价值。

2.无凹陷

凹陷就是指核桃在生长过程中，因水分和营养供应不足导致面上有凹陷。这种情况在把玩中是无法弥补的，所以一定要慎重选择。

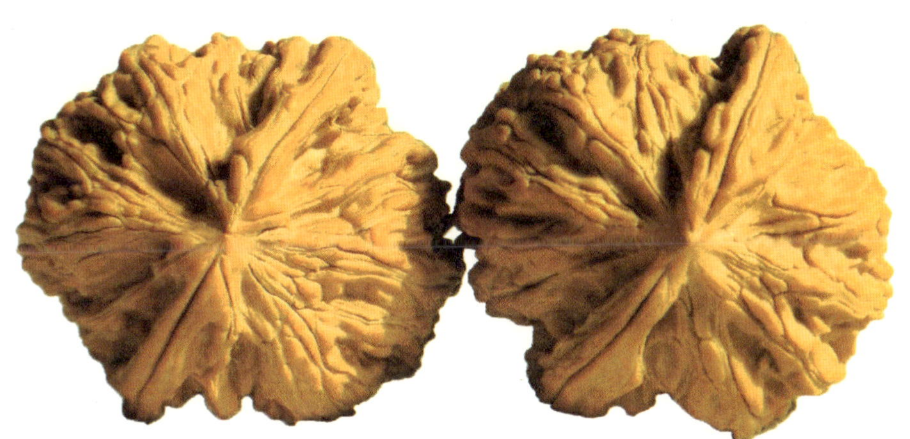

歪底闷尖虎头

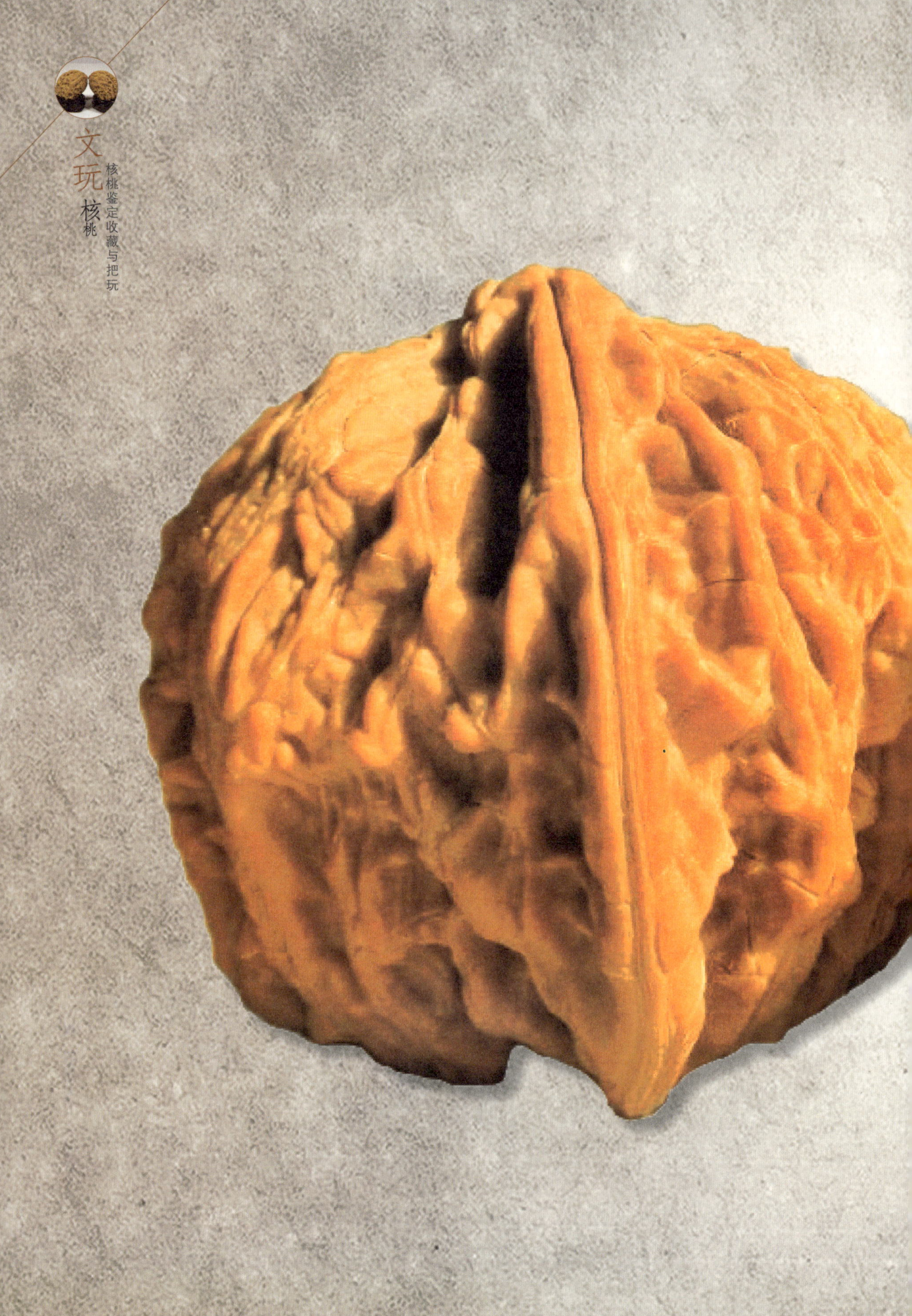

3.无焦面

焦面是指核桃的一面因在生长过程中受阳光直射时间过长而引起色素沉淀，颜色较深。这种焦面很难消除，而且把玩时间越长，颜色反差就越大。用陈醋浸泡或者用核桃油反复涂抹，效果都不理想。用双氧水、84消毒液可以消除焦面，但之后无论怎样把玩，都不能使核桃恢复原有的色泽。所以，在选购核桃时不要选有焦面的。

4.无阴皮

阴皮是指深于自然皮色的核桃表皮，常带有斑点和斑块。这种阴皮可以用双氧水或84消毒液消除，但会使核桃失去天然色泽，出现褪色，所以在选购时一定要仔细观察，反复对比。

5.无核胶

核胶是指核桃由于产地的水土和气候等自然环境而引起的一种疾病的产物，一般附着在纹路的褶皱或尖、边周围，经过长时间把玩后呈黑色，一般消除不掉，重者会影响核桃的皮壳硬度。所以在挑选核桃时，要记得拿尖细的东西往褶皱里抠一抠，若有松香一样的白色粉末，那就是核胶了，千万不要购买。

6.无空尾

空尾是指核桃在成熟后由于缺少水分和营养而出现的缺陷，它是把玩和收藏核桃的大忌。在核桃收藏者中流传着这样一句话："无尖不成器，尾空命不长。"空尾会造成核桃仁霉变、生虫，影响核桃寿命，所以选择核桃时不要选空尾的。

野生官帽

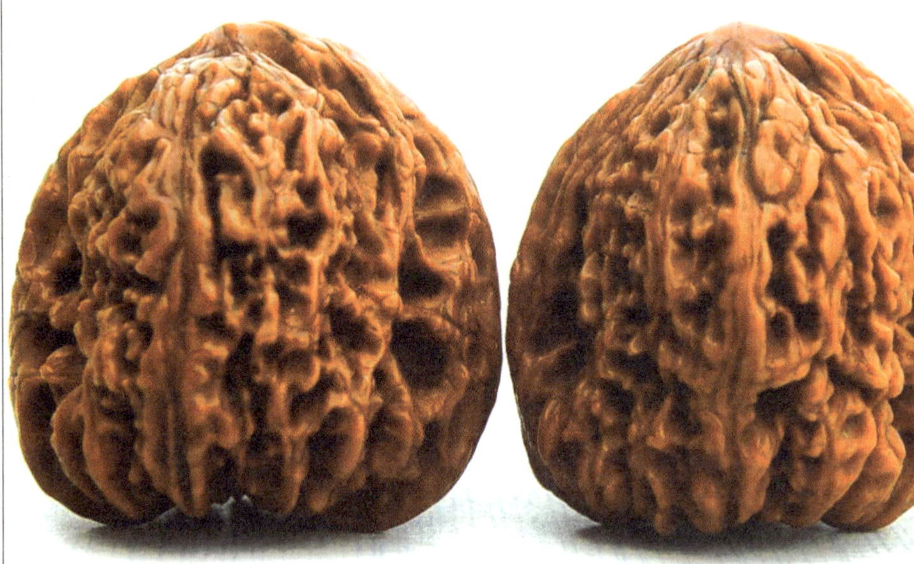

桃心核桃

★ “七字诀”

1.形

形是选择核桃的第一要素。一般大家都会选择圆形或椭圆形的核桃，因为它们把玩方便、压扎随意、旋转顺畅。在选择核桃时要选择形状不呆板并且端正的，肚不能尖并且要有正常的凸起，边要直且宽。核桃的大小要因人而异，有些人手大，有些人手小，不能一概而论，最好的选择是将两个核桃捏在一只手里，核桃露在外面的部位占其1/4。另外，也有一些朋友喜欢个大的核桃或畸形的核桃。所以说，选择核桃要因手而异，因人而异。当然，如果你是想进行手疗，最好选择圆形或椭圆形的核桃。

2.色

因核桃产地不同、所处自然环境不同、品种不同，其颜色也不同。再说，就算是同一棵树上的核桃，其颜色也不是完全相同的。在核桃市场上，我们见到的核桃大多是棕褐色、微黄色、土黄色、黄白色、微黑色的。由于核桃的颜色不同，把玩出来的效果也不同，一般认为把玩出来最好看的颜色是棕红色和深咖啡色。如果喜欢这两种颜色的话，在选择核桃时，就要选择棕褐色或微黄色的，它们经过较长时间的把玩，都会变成棕红色或深咖啡色。

磨盘狮子头

3.纹

纹就是核桃外皮的褶皱。核桃的纹路和颜色一样，因产地和品种的不同而有差别。常见的纹路有以下几种：网状纹、点状纹、块状纹、片状纹、线状纹、水龙纹等。核桃的纹路不仅有很高的观赏价值，还能在手疗中起到按摩穴位的作用。

4.尖

尖就是核桃的最顶端，是核桃的重要部位。好的尖应该尖而不利、钝而有形，且不扭曲、不分叉、无白顶、无黑顶和黄顶，形状与边协调，与四面吻合。

5.尾

核桃“尾空命不长”，“尖要钝，脐要紧，放于掌中能坐稳”。所以在选择核桃时，先要看尾部平不平，再看尾的颜色是否和核桃本身的颜色一致，因为有些人会用胶水调好色将空洞堵塞。总之，选择核桃时，要把住尾关，以防核桃命不长。

6.量

量是指核桃的分量。如果核桃太重，则携带不便，把玩起来也很累；如果太轻，把玩起来没有手感，手疗效果就差了。所以在选择核桃时，一定要在手中感受一下分量，以旋转时因稍重而出现一定的惯性为最好。

7.质

质指的是核桃皮的质地。核桃皮的质地决定着把玩时核桃的手感和把玩后核桃的颜色与亮度。其质地越紧密，上色、上浆、挂瓷也就越快；反之，就不易上色、上浆、挂瓷。衡量核桃质地好坏的方法很简单，一般是听音，就是将一对核桃放在耳边，轻轻碰撞，发出如铜似铁的金石之音者最佳。

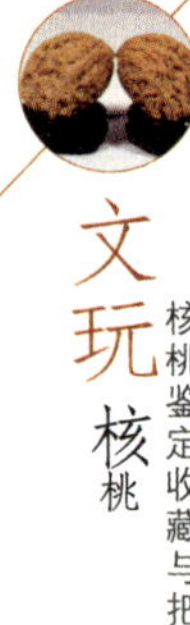

相似核桃的鉴别

★ 狮子头与虎头

狮子头核桃与虎头核桃都是以外形命名的核桃，确实难以鉴别。现在结合众多核友的看法以及我自己的观点，总结出了一些鉴别心得，和大家分享。主要从肚、边、底座这三方面做一些介绍：

1. 肚

狮子头核桃：肚圆且饱满，从尖部到底座的坡度不是很大，有一定的棱角，而且一般情况下肚的宽度都会比边的宽度要大。

虎头核桃：肚较长，从尖部到底座的坡度很大，比较圆滑，宽度没有狮子头的长。

2. 边

狮子头核桃：边较大，弧度比较明显，也比较圆。

虎头核桃：边较小，弧度也没有狮子头明显，比较直。

3. 底座

狮子头核桃：底座较平，比较大。

虎头核桃：底座一般有凹陷，不平，和狮子头相比较小。

总之，狮子头一般都是矮桩的，看起来比较饱满，比较圆，而虎头一般都是高桩的，在饱满程度上不及狮子头，看起来比较高、比较长。

大纹虎头

★ 鸡心与桃心

鸡心核桃和桃心核桃一般没有太大区别，只有在高矮和大小上有些区别，鸡心一般都是高桩的，而桃心一般都是矮桩的。

★ 公子帽核桃和官帽核桃

公子帽核桃和官帽核桃也是以外形命名的核桃，相比较而言，两者之间的差别有三点：

1. 尖不同

公子帽核桃的顶高而尖，就像汉字“公”，官帽核桃的顶相对来讲没有那么尖，接近汉字的“官”。

2. 底不同

公子帽核桃的底不平而且两边有耳朵，官帽核桃的底大而平。

3. 肚不同

公子帽核桃的肚没有官帽核桃的肚宽。

★ 野生鸡心与嫁接鸡心

鉴别方法如下：

1. 纹路不同

野生鸡心的纹路细密，嫁接鸡心的纹理较雄浑、粗大。

2. 边不同

野生鸡心的边薄，嫁接鸡心的边厚。

3. 尖不同

野生鸡心的尖较凸出，嫁接鸡心的尖圆滑有弧度。

4. 底不同

野生鸡心的底较小，嫁接鸡心的底较大。

鸡心核桃

★ 蟠龙纹与流星雨

蟠龙纹与流星雨的区别主要有三点：

1. 个头大小不同

蟠龙纹个头小，流星雨个头大。

2. 肚不同

蟠龙纹肚扁，流星雨肚鼓。

3. 纹路不同

蟠龙纹的纹路细腻秀美，流星雨的纹路略显粗犷。

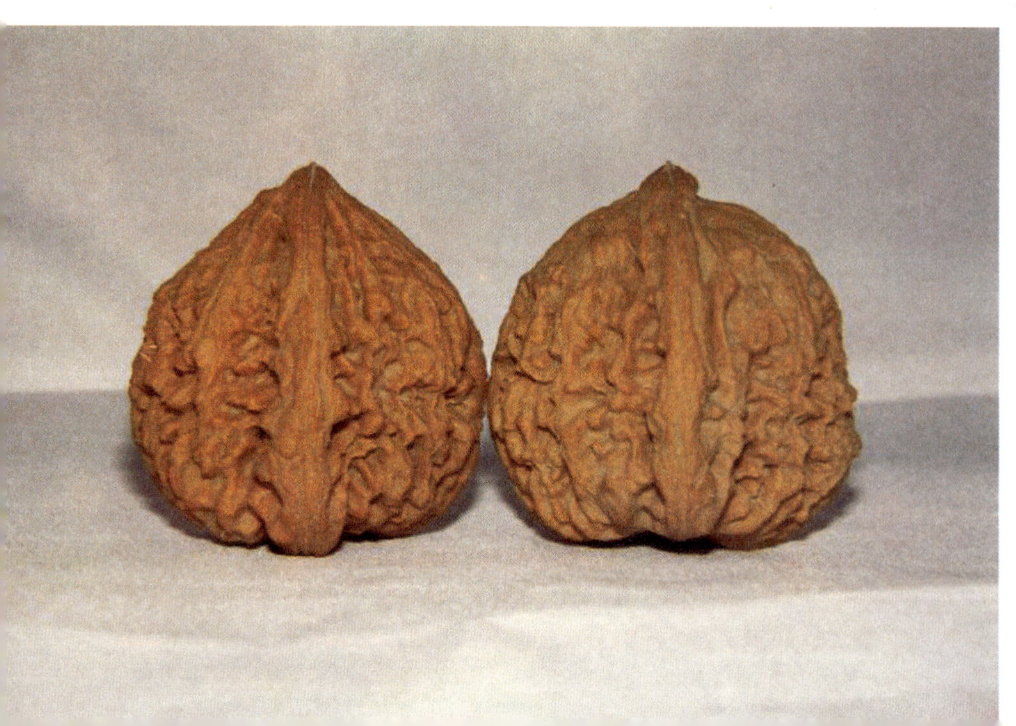

★ 老树南将石与嫁接南将石

主要不同点如下：

1. 形状不同

老树南将石形状歪，嫁接南将石形状正。

2. 高矮不同

老树南将石多为高桩，嫁接南将石多为矮桩。

3. 大小不同

老树南将石个头小，嫁接南将石个头大。

4. 纹路不同

老树南将石纹路深，嫁接南将石纹路浅。

5. 顶部不同

老树南将石顶部尖，嫁接南将石顶部钝。

6. 肩部不同

老树南将石溜肩，嫁接南将石端肩。

7. 底部不同

老树南将石底部凹，嫁接南将石底部平。

南将石狮子头

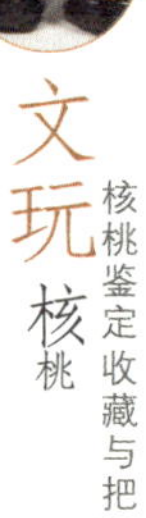

刘老四狮子头手串

文玩核桃的品评

1. 颜色　不同时期的核桃呈现出不同的颜色，把玩时间长的老核桃会呈现红玉般透明的颜色。

2. 质地　质量上乘的核桃质地细腻坚硬。新核桃声音瓷实，手感沉；老核桃如羊脂玉一般细润，碰撞如同金石。

3. 个头　一般来说，品相俱佳的核桃越大越值钱，但异形核桃最讲究的是成双成对。

4. 外形　指的是核桃的纹路和配对。纹路的深浅、疏密，边的宽度和厚度，是衡量把玩核桃的一个重要因素。同时两个核桃越接近价值越高。

文玩核桃的优劣鉴别

品相是挑选文玩核桃和判断核桃价值的重要依据。核桃的品相包括很多方面，如外形、大小、皮质、纹路等。但是，最重要的是哪一方面，目前在文玩核桃界说法不一：有说皮质最重要，有说外形最重要，也有人说大小和纹路最重要。通常我们认为，纹路是一个比较重要的依据，因为我们欣赏核桃一般都将纹路看得比较细。如果一个核桃纹路不好，即使有出众的外形和非常完美的皮质及颜色，也不能说是好品相。

好的核桃纹路应当具有以下几个特征：

密纹狮子头

★ **粗细相间**

核桃的纹路一般有粗有细，粗的纹路相互连接，美观厚重；细的纹路密集连贯，均匀分布于核桃表皮上。如果核桃的纹路为粗细结合，那就一定要匀称，特别是给核桃配对的时候，两个核桃的纹路一定要相似，区别不能太大。

★ **连贯始终**

好的核桃纹路要连贯始终，不能从中断开，否则就会影响其欣赏价值。

★ **深浅适度**

核桃的纹路一定要深浅适度，不能太深或太浅，而且要深浅均匀，不能一会儿深，一会儿浅。只有具备这种纹路的核桃才能经得起长时间的把玩。

马蹄狮子头

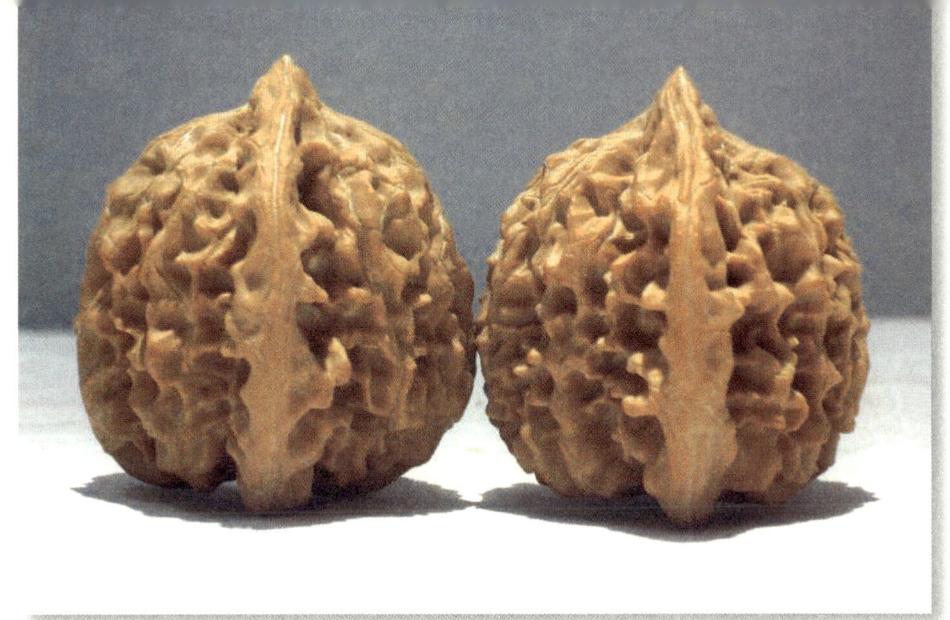

野生豹纹虎头

★ 大小均匀

核桃的纹路要大小均匀，看起来不能太单薄，也不能一直延续到尖部。

总之，好的核桃纹路要给把玩者以想象的空间，可以被想象成奇珍异兽、高山大川、江海湖泊、日月星辰等，从而让把玩者从中领略到大自然的独特魅力。

辨别开裂的文玩核桃

核桃开裂，一般发生在接缝处和底部。面对这一缺陷，人们想出了一些修复的方法。如有的核桃的裂缝处被搓平。因此在购买时，一定要仔细观察，如果某处异常的平且光滑，而其他地方都比较粗糙，则很有可能是此核桃没有怎么上过手，但有问题的地方经过了反复磨搓。还有人会将裂了的核桃泡后用胶水来修复。这样的核桃接缝处会有痕迹，也就是说如果核桃上某处有塑料或玻璃水的感觉，就要特别小心了。

闷尖虎头（鹰嘴）

四座楼狮子头

文玩核桃的真假鉴别

近几年来，由于文玩核桃的盛行，有些不法分子就开始以真核桃为原型做模具，用化学制品做原材料，制作假的核桃。他们做出来的假核桃完全可以以假乱真，一般人还真分辨不出来，就算一些老玩家，一不留神也会蒙受其害。为了让核友们不再上当受骗，这里介绍一些区分真假核桃的方法:

★ 掂重法

将核桃拿在手里感觉一下，假核桃会比较重，因为其是化学材料合成品，而真核桃一般都会较轻。

★ 观察法

观察法就是观察其纹路和尾（脐）（最好是在太阳光下，这样看得比较清楚）。一般假核桃的纹路比较生硬，皮质也比较软。另外，假核桃的尾（脐）没有残留物，真核桃都有一些树杈间的残留物。

闷尖狮子头（鹰嘴）

★ 听音法

所谓听音法，就是让两个核桃相互碰撞，假核桃发出的声音比较沉闷，真核桃比较清脆。

其实还有一种最简单的辨别方法，就是一些流动摊位上常常售卖许多所谓的好核桃，而且其间还时不时地一会儿拿出来一对，一会儿拿出来一对，这个时候就要小心了，这些核桃很可能是假核桃。总之，一般销售假核桃的都是流动摊贩，所以建议购买核桃还是到正规的固定摊位。

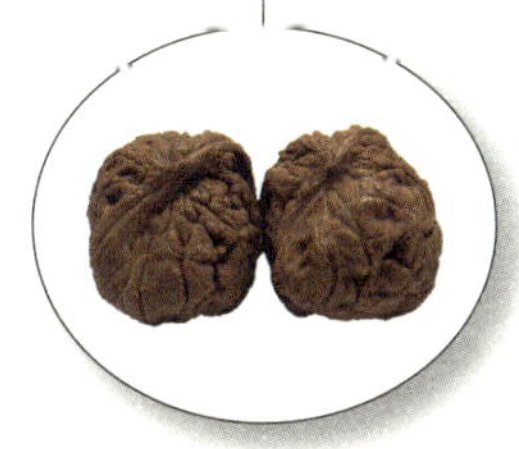

闷尖虎头（鹰嘴）

蓟州野生虎头

蓟州野生狮子头

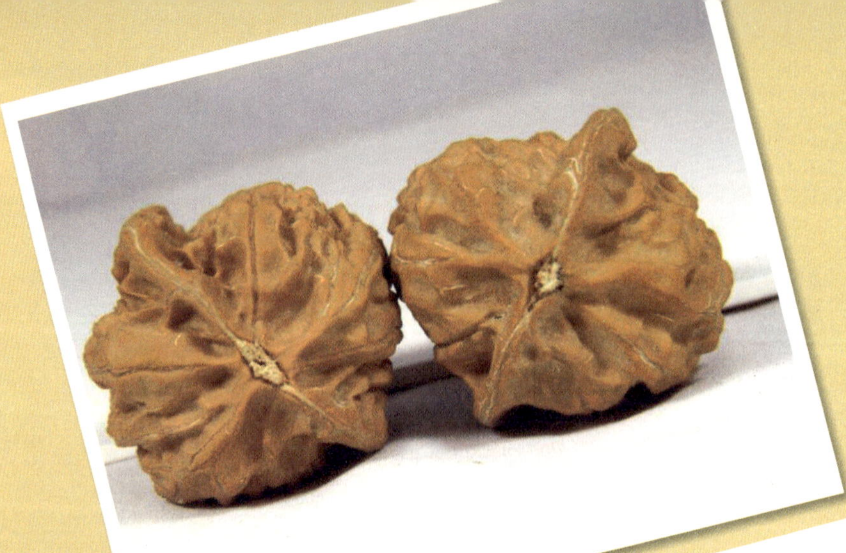

将军膀

老树南将石

老款闷尖狮子

闷尖虎头（鹰嘴）

第四章 文玩核桃的收藏与保养

文玩核桃的收藏要点

核桃的收藏与其他的收藏不一样。其他收藏品以藏为主，把玩为辅，而核桃是在把玩中浸润、把玩中收藏、把玩中升值，这就是常说的动态收藏。而动态收藏的弊端是易磨损，易破品相，所以在收藏过程中要注意保护尖、尾、纹的原貌。把玩时注意不碰、不刮、不摔、防龟裂。

南将石狮子头一道筋手串

为让核桃品相好，当前市场上的核桃大多进行过漂染，失去了天然色泽，经过漂染的核桃无论如何把玩，也难以恢复原貌。收藏时要选择不漂、不染的核桃，通过把玩、搓揉，自然增色，产生玉质感，增加收藏价值。

太行山公子帽

业内有种不成文的说法叫：玩好的，藏少的，卖老的，避小的。

★ 玩好的

如狮子头、虎头、公子帽、官帽、鸡心等，其观赏性强，增值快。历史上有“十楸一头，十铁一心”之说，意思是，用十对楸子也换不来一对狮子头，十对铁核桃难换一对鸡心。所以要玩就玩好的，玩出高档次来。

★ 藏少的

俗话说“物以稀为贵”，收藏核桃也是如此。要藏珍品，既能提高收藏品位，丰富收藏内容，又能为今后升值创造条件。

★ 卖老的

卖老的就是揉到一定程度再出手，揉的时间越长，其价格就越高。

★ 避小的

不论京津一带，还是其他各大中小城市的玩家，都有一个共识——核桃要玩大的。所以，收藏时不要选小的，把个头大的作为第一选择。

异形花生

文玩核桃的个头大小

虽然说在同等条件下，核桃越大越值钱，但也不需要一味地追求大个头，大有大的气魄，小有小的精妙。买核桃主要是为了把玩，因此还是应该根据自己的手形大小选择。关于如何界定核桃的大小，没有准确的标准，一般来说，长、宽、高均在 40 毫米以上的，属于大核桃；长、宽、高均在 30 毫米以下的，可以认定是小核桃；三项指数有两项在 30 ~ 40 毫米之间则可以定为中型核桃。

文玩核桃的市场行情

关于文玩核桃的价格，一直都无法确定，因为其变化太快，落差太大，如去年的一对狮子头上万元，今年可能几千块就可以买到。所以严格来讲，实在是不好定论。一般主要分为新老核桃，新核桃的价格一般没有老核桃高，因为老核桃是经过别人把玩过的核桃。所以老核桃的价格一般都是按其把玩的时间长短、颜色和亮度，还有保存是否完好来定。而新核桃的价格主要是从品种、大小、品质上来定。不过一般都是视其具体情况而定。

下面主要介绍新核桃的价格：

南将石狮子头

★ 狮子头类核桃

一般肚过40毫米的核桃会比较贵一些，少则近千元，多则近万元，而且价格有可能会一年比一年高。

★ 鸡心类核桃

鸡心类核桃最近几年比较多，一般肚在40~43毫米之间的核桃，价格在400元左右，肚在45毫米左右的核桃，价格为800~900元。

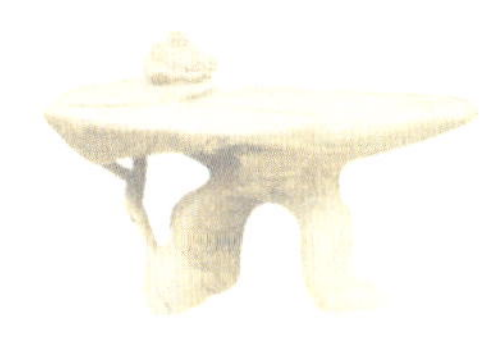

★ 公子帽核桃

因公子帽核桃比较稀少，价格上无法定位。

★ 官帽核桃

官帽核桃的价格是随着大小而增长的，一般从百元到千元不等。价格的上升空间还是比较大的。

公子帽核桃

★ **楸子核桃**

楸子核桃的价格就比较稳定了，因产品过多，而且属于练手的，所以价格很低，几元钱就能买一对，若是比较少见的，价格在200元左右。

还有一些铁核桃、猴头核桃等价格都很稳定，在几元到几十元之间。

总之，核桃的价格不是一成不变的，它随着季节、产量和人们需求的变化而变化。上面所说到的核桃的价格是个人看法，仅供参考。

长白山大楸子

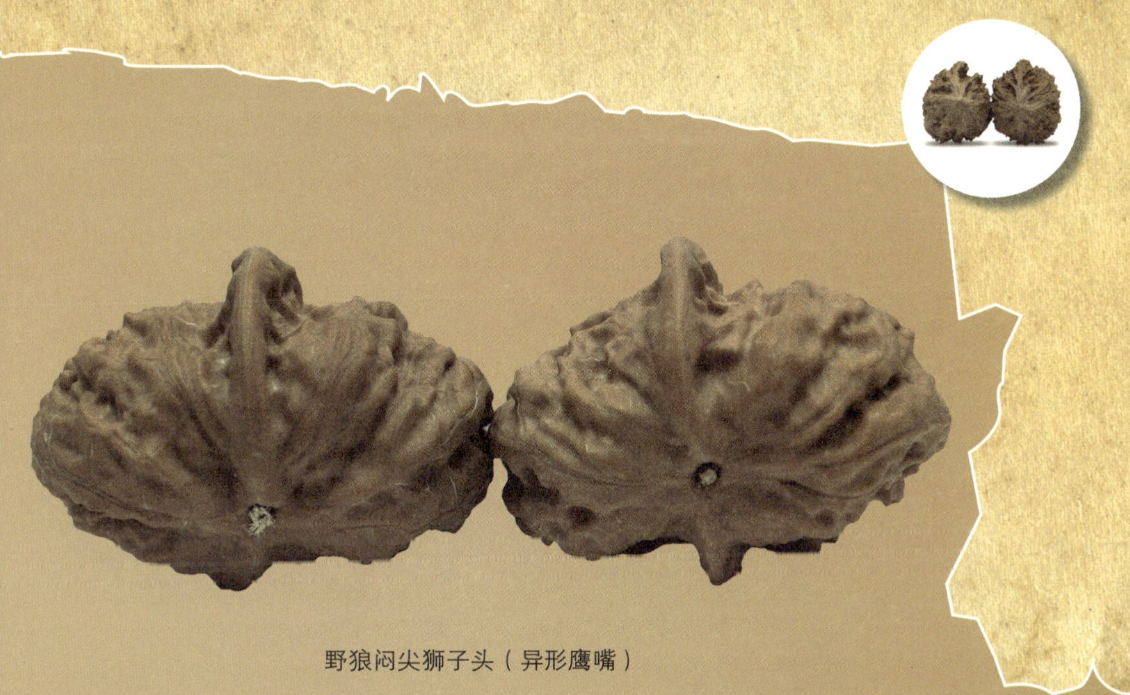

野狼闷尖狮子头（异形鹰嘴）

养护文玩核桃的要点

文玩核桃的养护是收藏把玩中的重中之重，如果在把玩中不注意养护，好核桃也会变得没有一点儿价值。但是如何养护，就是一个值得关注的问题了。自古有“三分揉搓，七分养护”的说法。

养护核桃分四个阶段：一是刷洗，二是灭虫，三是浸润，四是护理。

★ 刷洗

购买到一对新核桃后，第一件事就是清洗，可以用较硬的毛刷子蘸水后在核桃表面进行刷洗，然后立即用干布擦十，因为核桃沾水后容易开裂。褶皱最深处，可借助放大镜用剔针剔除污垢。

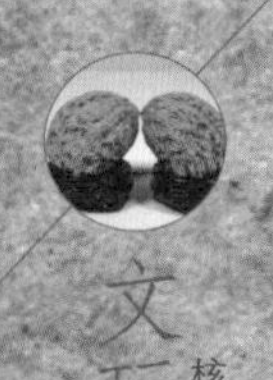

文玩核桃

核桃鉴定收藏与把玩

白狮子头核桃

若你购买的是秋天刚下树的核桃，就需要对它封尾了。这是因为刚下树的核桃含有大量的水分，若蒸发得太快就会出现裂嘴、抠底、抽尖、走样的现象，致使核桃的外形发生很大变化，所以最好是用蜡封尾，然后再置于阴凉处慢慢阴干。

★ 灭虫

灭虫是核桃养护中必不可少的程序。核桃的表皮一般会附着各种虫卵，经过一段时间后会变成幼虫，从而钻透核桃的壳。所以在刷洗完核桃后要马上进行灭虫，一般可用杀虫喷雾器灭虫。方法是先找一个能封闭的容器，然后将刷洗干净的核桃放进去，再用杀虫喷雾剂喷洒，最好将容器密封，密封时间以1小时为宜。另外，也可将刷洗干净的核桃放进冰箱的冷冻箱内冷冻3个小时左右，不仅可以杀死成虫，还可以杀死虫卵。

满天星狮子头

★ 浸润

核桃经过刷洗、灭虫程序后，再涂上一层核桃油，避光保存，两天后再涂抹一次，涂抹两次晾干后即可把玩了。

★ 护理

核桃的日常护理是最重要的。在把玩核桃的过程中，要注意清理核桃褶皱中的灰尘和污垢，一般可用毛刷或剔针清理。如果要长时间存放，可以在核桃上涂一层核桃油，然后再放几粒花椒，用塑料袋密封，放于避光、干燥处，防止暴晒和受潮。

鸭嘴核桃

文玩核桃的存放

超市卖的保鲜盒体积小、密封好，非常适合存放文玩核桃。在保鲜盒中放置一周左右，核桃油自然挥发，核桃被核桃油熏得很均匀，上手变色也很快。夏天空气湿度大，核桃放久了易生蛀虫，可以为核桃注入少量杀虫剂。

南将石佛肚

盘龙虎头

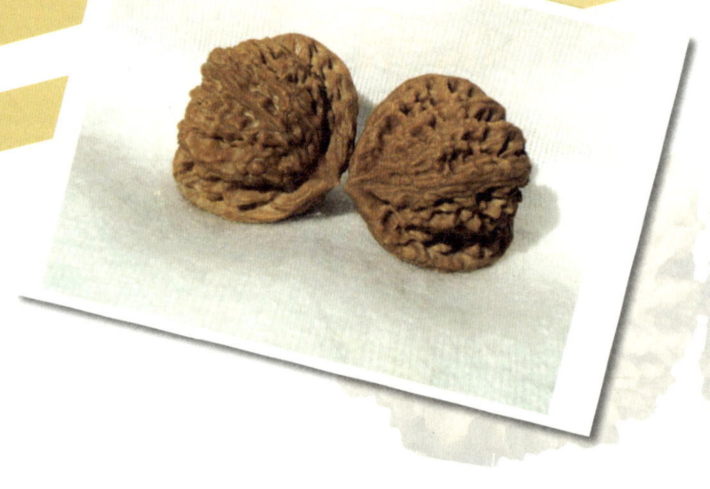

盘龙狮子头

盘龙虎头

短毛刷

长毛刷

放大镜

养护文玩核桃的工具

核桃的保养工具有短毛刷、长毛刷、剔针、放大镜、游标卡尺、橄榄油（核桃油）。

★ 短毛刷

短毛刷用于清理核桃表面的灰尘。

★ 长毛刷

长毛刷用于清除褶皱深处的污垢。

★ 剔针

剔针用于剔除长毛刷清除不掉的污垢。

★ 放大镜

放大镜用于观察核桃的清洁度和润滑状况，也可欣赏核桃的纹路。

★ 游标卡尺

游标卡尺用于测量核桃的体积，在收藏品中定位。

橄榄油

★ 橄榄油

橄榄油用于涂抹核桃表面，延长核桃的寿命，改变核桃的颜色和亮度。橄榄油的优点是渗透快、浸润深、防止风干，有助于核桃尽快成型。

马蹄狮子头

清理核桃皮垢和污垢的方法

★ 去除核桃皮垢

核农去除核桃青皮时，并不是所有的核桃都去得很彻底，某些核桃会留下皮垢，如何清理这些皮垢呢?

首先，要把核桃的尾（脐）封好。

其次，把核桃的表皮弄湿，可以用刷子蘸水刷，记住千万不能把新核桃泡在水里，以免进水。

最后，找一把硬毛刷子，慢慢刷，就能刷掉皮垢。

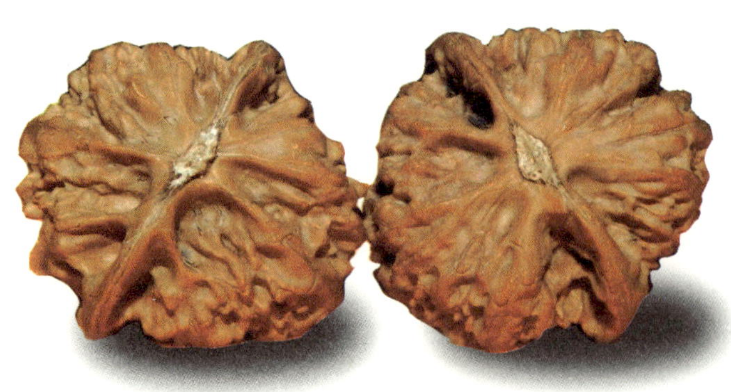

★ 去除老核桃纹路里的污垢

如果在把玩核桃的过程中不注意清理核桃纹路里的污渍，在完全变色后会很难清理，那该如何清理呢？

首先，要先封底。

其次，用清理厨房油烟机的清洁剂，喷洒在老核桃表面。

再次，过10分钟后，用清水冲洗，同时用刷子刷洗。

最后，放在阴凉处晾干，然后再涂一层核桃油。

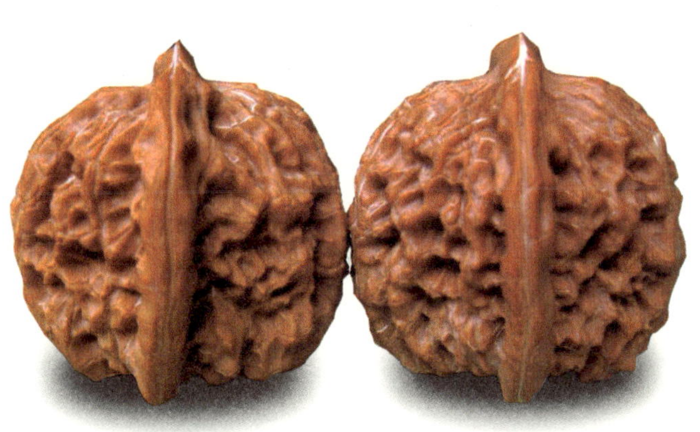

马老四狮子头

妙趣无穷

——文玩核桃详解

第五章 文玩核桃的品种介绍

狮子头核桃

狮子头属于麻核桃的一种，是四大名核之首。形状饱满，近于圆球形，花纹漂亮，多卷花、绕花、拧花，有洞有眼，状如狮头，故得名。

狮子头的产地主要集中在京、津、冀三地。

★ 历史

狮子头核桃外形圆润，把玩舒适，重量适宜，纹路美观，手感良好，因此，在古代就受到达官显贵们的喜爱，是文玩核桃中的名品。质量上乘的狮子头经过多年盘玩，会变得晶莹剔透。曾有文人这样赞誉狮子头："温润如君子，敦厚似贤士，矮短亦侏儒，脱尘是纳子。"现在故宫博物院里珍藏着两对当年乾隆皇帝把玩过的狮子头核桃，这是现在能见到的最早的狮子头核桃，距今约有200多年或近300年的历史。

白狮子头（佛洞，二棱）

★ **特点**

主要特点是桩矮，边厚，皮质坚硬，底座大而平，略内凹，纹路连贯密集且深刻美观，外形大多周正，尖非常小且类似于南将石四半嘴等。缩水比较少（40毫米以上的缩1~2毫米）。缺点是底座上的两个边略带黄筋。

白狮子头（四道筋，单只）

★ **分类**

按高度可分为高桩和矮桩，按纹路可分为粗纹和细纹，按底可分为平底和窝底，按产地可分河北、山西、北京、天津蓟州等。

今天我们常见的有老款狮子、闷尖狮子、平顶狮子、磨盘狮子、燕山狮子、四座楼狮子、元宝狮子、十字尖狮子、苹果园狮子等，但是在过去这些统称为矮桩闷尖狮子头。在这些当中，最出色的就是老款狮子。

白狮子头（四道筋，单只）

狮子头为什么这么受欢迎？

（1）狮子头在古代就受到王宫贵胄们的追捧和青睐，属于贵族赏玩之物，寻常百姓则望尘莫及，而人们对它的热衷程度也一直延续至今。

（2）重量、皮质、纹路俱佳，成器性强。真正的好狮子头经过多年的盘玩，晶莹剔透，堪称玩物中的上品。

（3）外形圆润，把玩舒适。从人体工程学的角度讲，掌旋之物最贴合及省力的形状就是球形，而狮子头恰恰具备了这个特点。

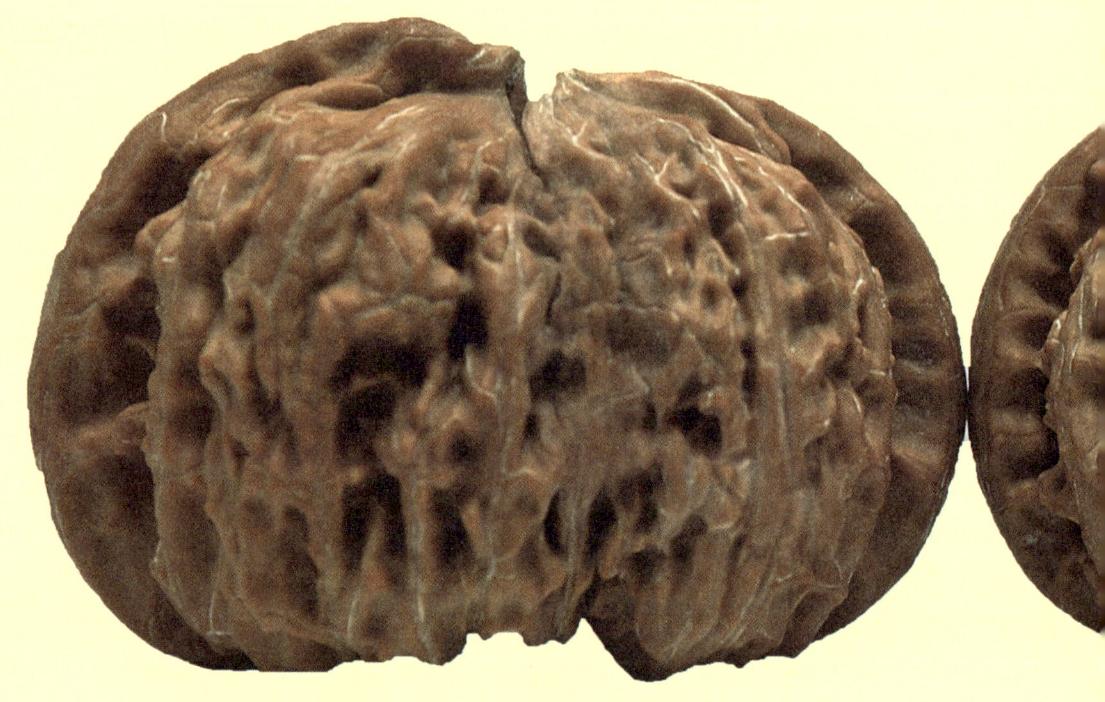

★ 名品赏析

白狮子头

白狮子头原产地是北京市延庆区大庄科乡汉家川村（传说汉家川是古代神话故事八仙中一仙钟离权的故乡）。白狮子头的老树现仍然存活，但每年产量很低，已经很难产出精品配对了。后来河北省涞水麻核桃种植基地开始大面积嫁接此品种，产量逐渐增加。但因涞水气候与延庆县深山温度差别很大，所以涞水嫁接后的白狮子头年年都不同程度受灾，大多都有黄丝、黄尖的情况，特别是2013年白狮子头受灾特别严重。所以现在市面上能买到无瑕疵的白狮子头很不容易。

名称：白狮子（大蝴蝶连体）

产地：河北涞水

尺寸：

边：55.7/55 毫米

肚：43.5/42.5 毫米

高：39.5/39 毫米

市场参考价：15 万元 ~ 18 万元

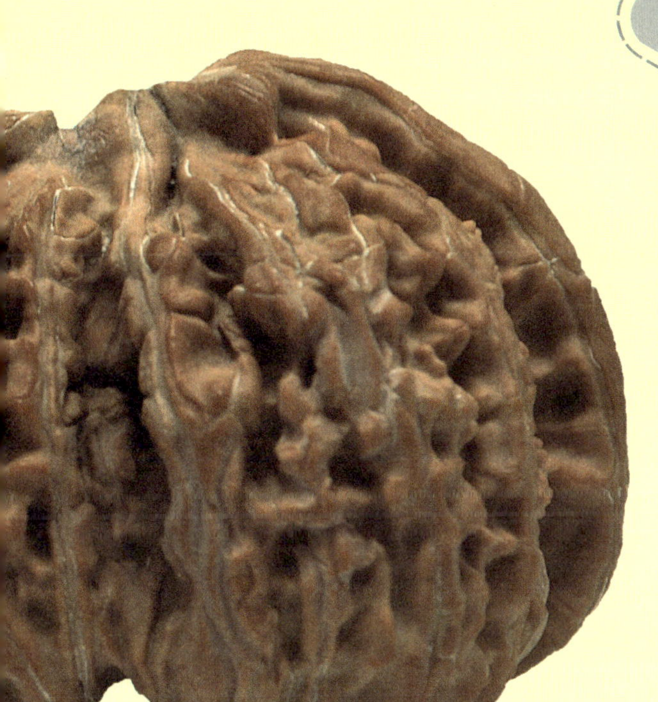

名称：白狮子（犀牛角）

产地：北京延庆

尺寸：

边：45.6/45.7 毫米

肚：43.5/43.2 毫米

高：35/35 毫米

市场参考价：4.5 万元 ~ 5 万元

核
桃
收
藏

文玩核桃
核桃鉴定收藏与把玩
核
桃
收
藏

名称：白狮子头（异形酒壶）

产地：河北涞水

尺寸：

边：43/42.5 毫米

肚：44/44 毫米

高：34.7/34 毫米

市场参考价：2 万元 ~ 2.5 万元

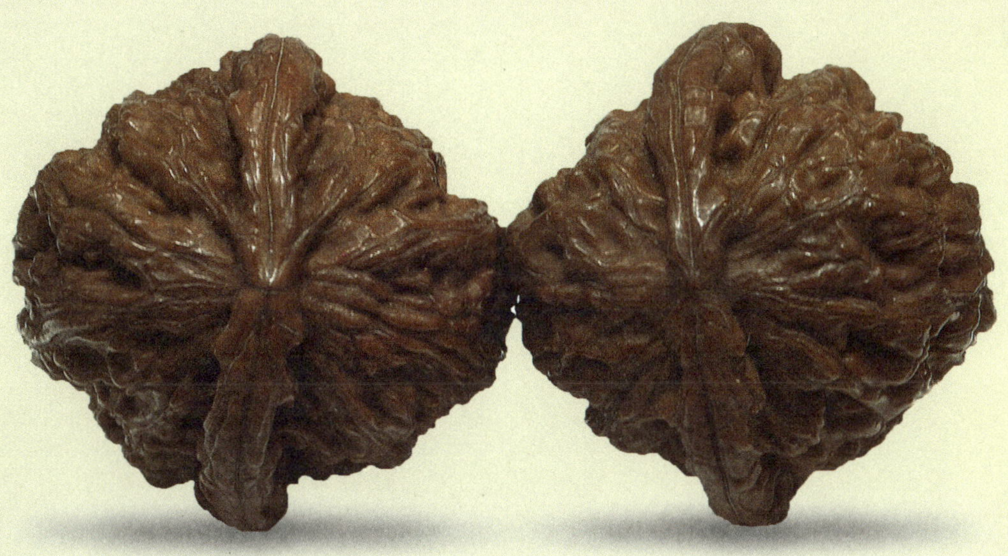

名称：白狮子头
产地：河北涞水
尺寸：
边：42/42 毫米
肚：41/41 毫米
高：37/37 毫米
市场参考价：3500 元～ 4500 元

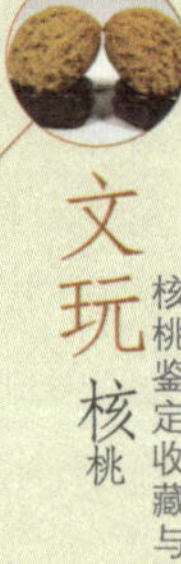

名称：白狮子头（蝴蝶连体）

产地：河北涞水

尺寸：

边：51.3/50.7 毫米

肚：41.5/40.2 毫米

高：33.5/33.2 毫米

市场参考价：3.5 万元～ 4 万元

名称：白狮子（蝴蝶连体，单只）

产地：河北涞水

尺寸：

边：64 毫米

肚：55 毫米

高：42 毫米

市场参考价：单只价 1.8 万元，成对价 12 万元～ 13 万元

名称：极品白狮子头（异形酒壶，单只）

产地：河北涞水

尺寸：

边：46 毫米

肚：44 毫米

高：40 毫米

市场参考价：单只价 5 万元 ~5.5 万元，成对价 20 万元 ~ 23 万元

名称：白狮子头手串

产地：河北涞水

尺寸：单只直径 31 毫米 ~ 32 毫米

市场参考价：800 元 ~ 1000 元

闷尖狮子头

闷尖狮子头是一款以核桃外形命名的狮子头，此品种产于北京昌平。该核桃外形庄重，大耳钝尖，尖相当于没有，故名闷尖。底部纹路呈放射状，小青眼，皮质密度大，手头重，纹路深，皮质好，易上色，盘出来皮色亮丽。

名称：十字闷尖狮子头

产地：河北承德

尺寸：

边：38/38 毫米

肚：38/38 毫米

高：35/35 毫米

市场参考价：2000 元 ~ 3000 元

核
桃
收
藏

名称：野狼闷尖狮子头

产地：河北易县狼牙山

尺寸：

边：41/41 毫米

肚：40/40 毫米

高：37/37 毫米

市场参考价：3500 元 ~ 4000 元

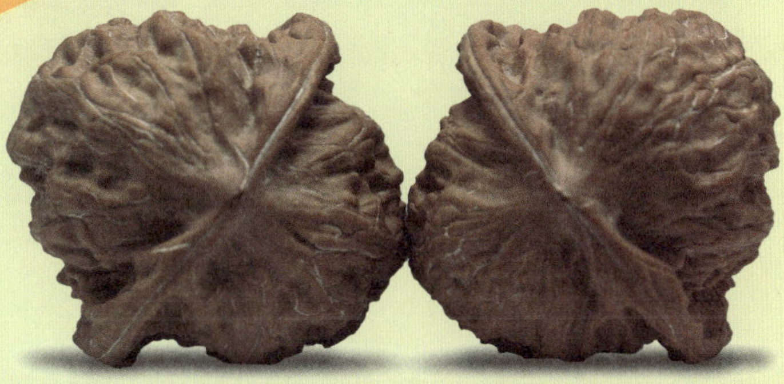

名称：野狼闷尖狮子头（异形鹰嘴）

产地：河北易县狼牙山

尺寸：

边：37/37 毫米

肚：36/36 毫米

高：35/35 毫米

市场参考价：3800 元 ~ 4000 元

核 桃 藏 收

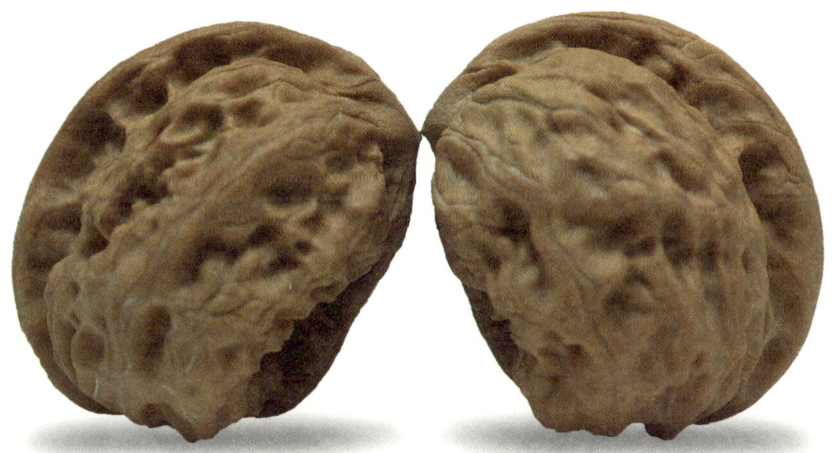

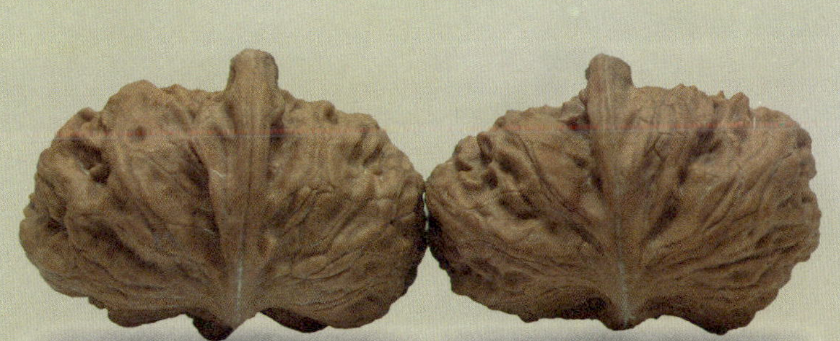

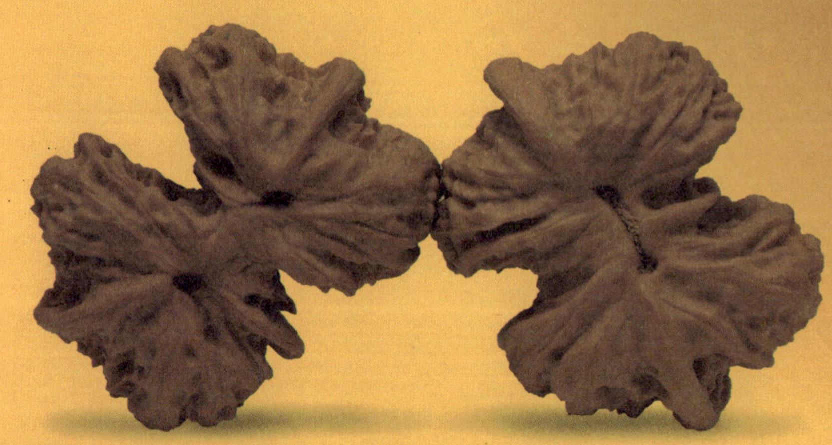

名称：野狼闷尖狮子头（蝴蝶连体）

产地：河北易县狼牙山

尺寸：

边：50/49 毫米

肚：38/38 毫米

高：34.2/33.2 毫米

市场参考价：2.4 万元～ 2.5 万元

核
桃
收
藏

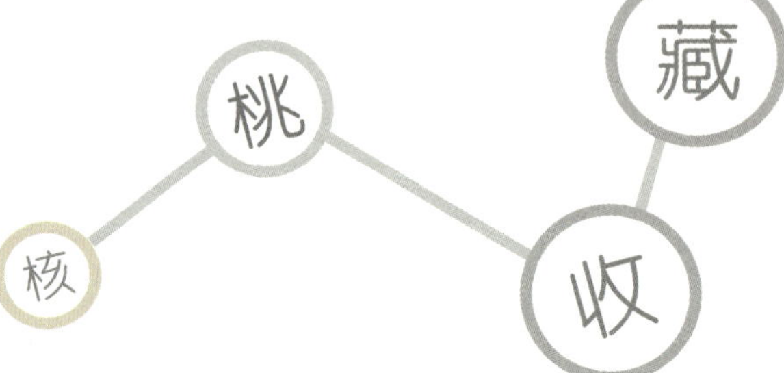
核
桃
收
藏

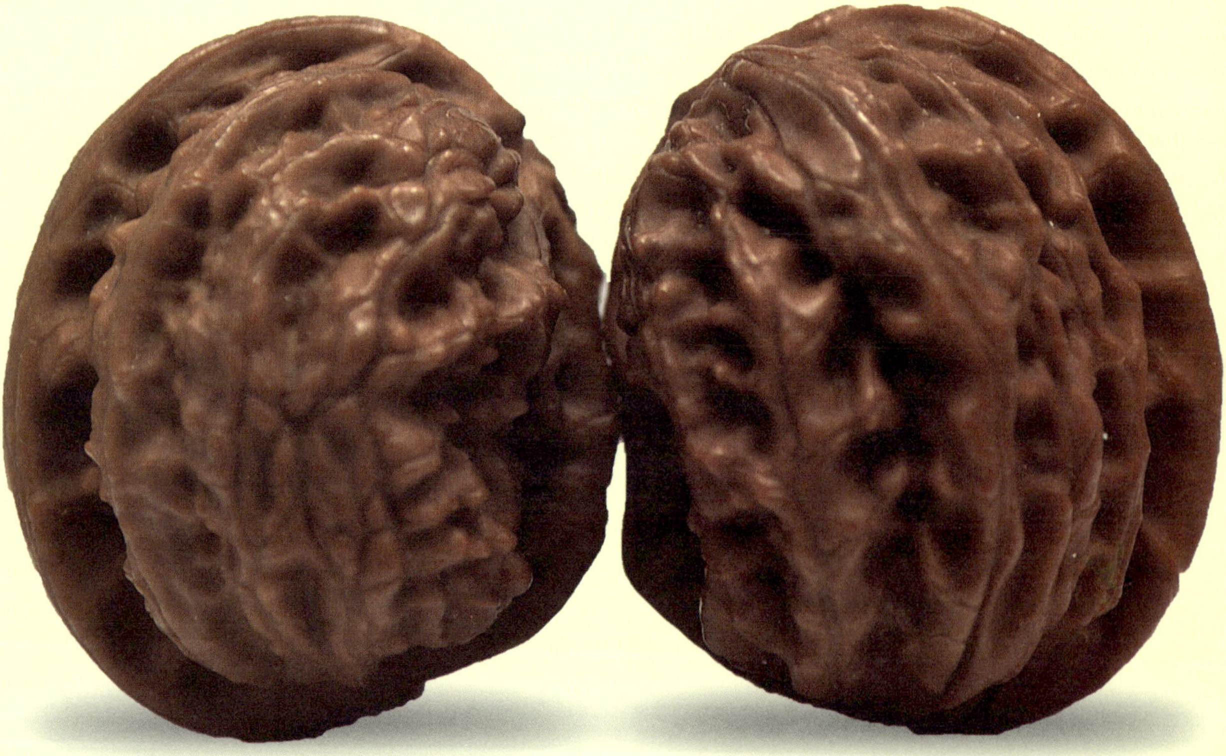

名称：大肚闷尖狮子头（鹰嘴）

产地：天津蓟州

尺寸：

边：38/38 毫米

肚：38/37.5 毫米

高：37/37 毫米

市场参考价：3800 元～4000 元

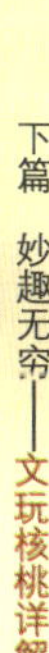

名称：闷尖狮子头（六道筋）

产地：山西省运城市夏县

尺寸：

最大边：50 毫米

小边：48 毫米

高：38 毫米

市场参考价：单只价 2 万元 ~ 3 万元，成对价 15 万元 ~ 18 万元

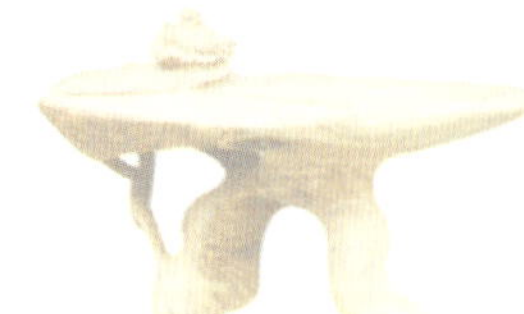

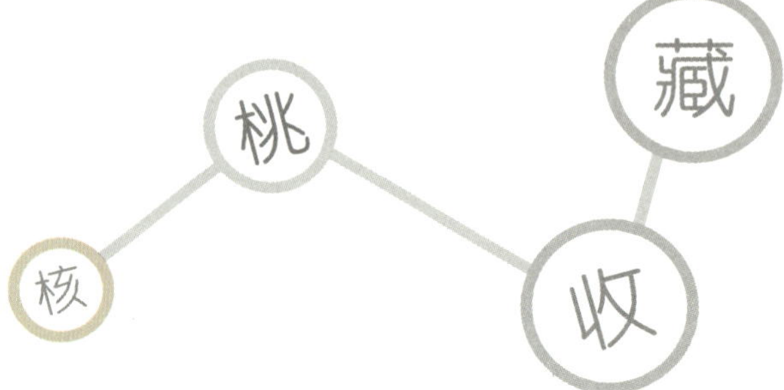

核
桃
收
藏

名称：闷尖狮子头（蝴蝶连体）

产地：北京延庆大庄科乡

尺寸：

边：62 毫米

肚：55 毫米

高：45 毫米

市场参考价：单只价 1.5 万元 ~ 1.8 万元，成对价 8 万元 ~ 10 万元

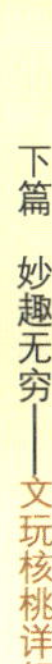

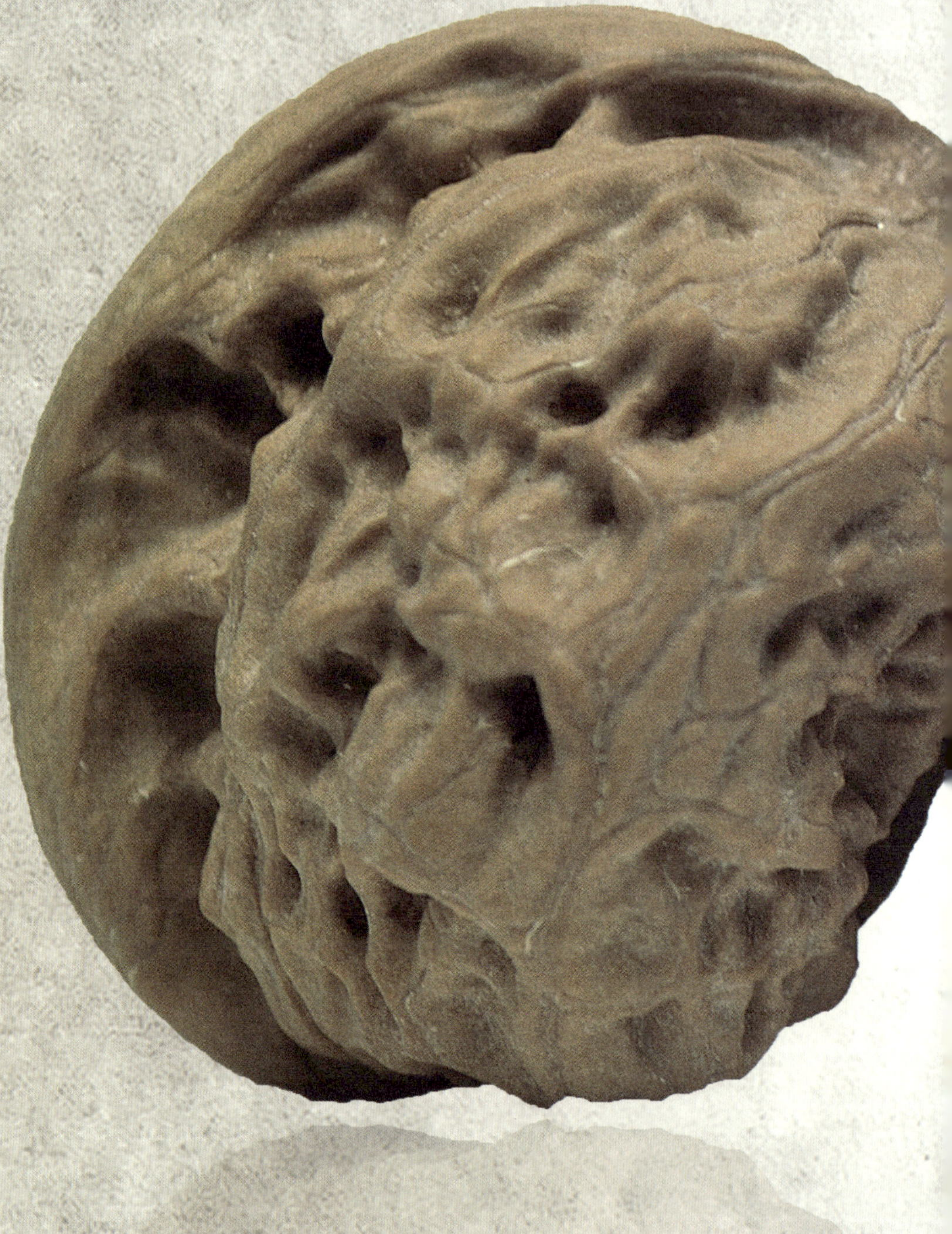

名称：野狼闷尖（鹰嘴）

产地：河北易县狼牙山

尺寸：

边：39/39 毫米

肚：40/40 毫米

高：35/35 毫米

市场参考价：5800 元 ~ 6500 元

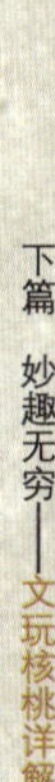

名称：野生闷尖狮子头（五星上将）

产地：天津蓟州狐狸峪

尺寸：

边：46/45.7 毫米

肚：45/44.5 毫米

高：34.8/34.5 毫米

市场参考价：12.8 万元 ~ 14 万元

苹果园狮子头

苹果园狮子头原产地是北京门头沟王坪村附近的山上，是一款因其外形命名的狮子头，外形如苹果般圆润饱满，是狮子头中非常有代表性的品种之一。底座敦实，底部及脐部酷似古代方孔铜钱，俗称“金钱底儿”，纹理粗犷且舒展有序，皮质是出了名的牛筋红，上手即红，包浆后有玉石玛瑙般的透明感。因是野生老树没有主人，所产果实价格不菲，人人都想将其果实据为己有。一到产果期，就会有人提前将果实摘下售卖，因此每年都会有人因为争夺此树果实大打出手，最后导致老树被毁。后被涞水核农嫁接成活，皮质虽然是入手即红，但桩高尖大，与老树品相有一定区别。

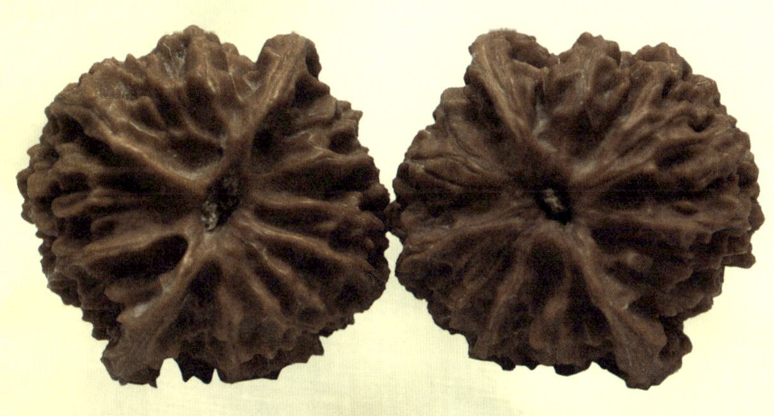

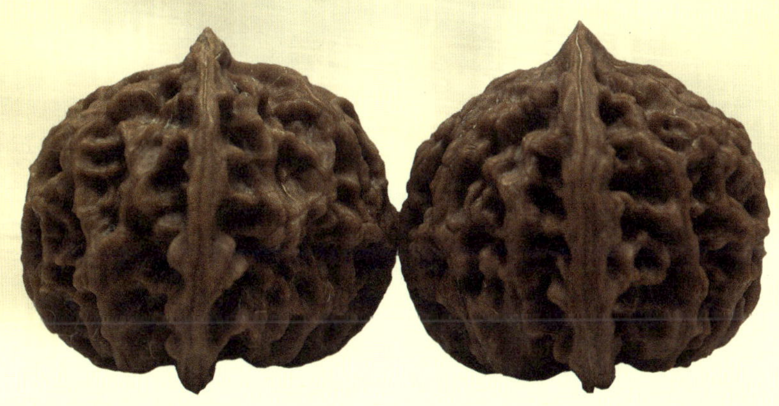

名称：苹果园狮子头

产地：河北涞水

尺寸：

边：45/45 毫米

肚：43/43 毫米

高：39/39 毫米

市场参考价：6800 元 ~ 7500 元

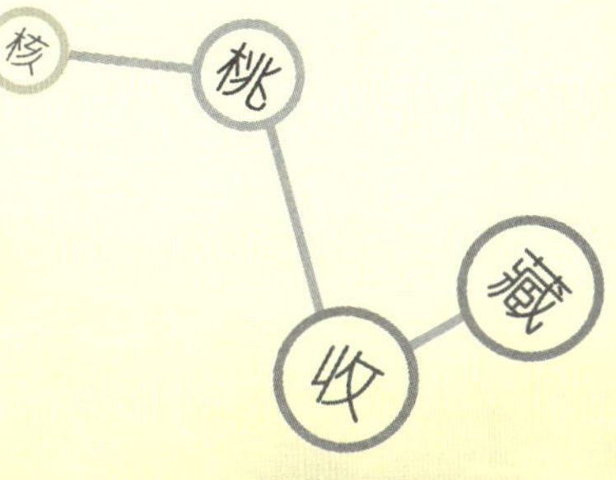

名称：苹果园狮子头（四棱，单只）

产地：河北涞水

尺寸：

大边：46 毫米

小边：42.5 毫米

高：39 毫米

市场参考价：单只价 7000 元～8000 元，成对价 4 万元～4.5 万元

名称：苹果园狮子头（三棱）

产地：河北涞水

尺寸：

边：38/37 毫米

高：36.8/36 毫米

市场参考价：5800 元 ~ 6800 元

名称：苹果园狮子头（异形连体怀抱子）

产地：河北涞水

尺寸：

边：47 毫米

肚：42 毫米

高：38 毫米

市场参考价：单只价 8000 元 ~ 9000 元，成对价 4 万元 ~ 4.5 万元

核

马蹄狮子头

马蹄狮子头又名毛毛虫狮子头、翻天印狮子头，是以核桃的形状来命名的，原产于河北、天津等地。这种核桃形似马蹄，大平底又像印章，其枝条上茸毛很厚，核农又称其为“毛毛虫”。

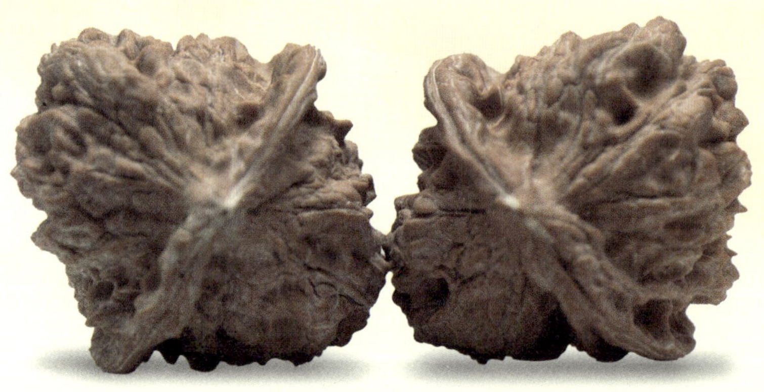

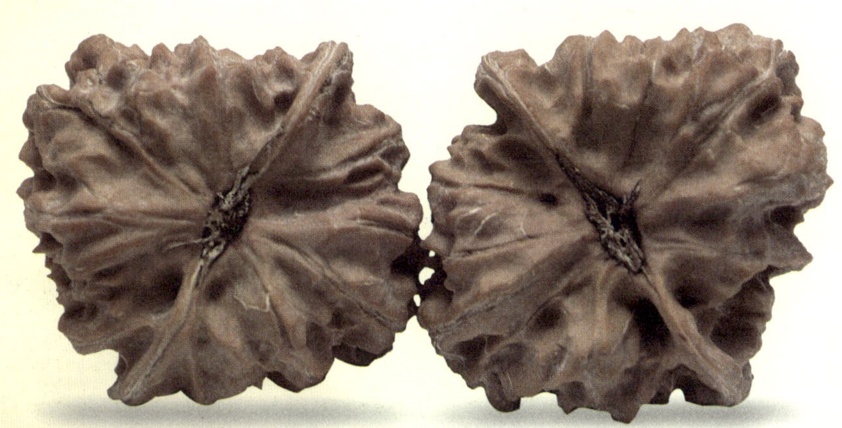

名称：马蹄狮子头

产地：天津蓟州

尺寸：

边：40/40 毫米

肚：43/43 毫米

高：38/38 毫米

市场参考价：2800 元～3000 元

名称：马蹄狮子头（四道筋）

产地：天津蓟州

尺寸：

大边：42/41 毫米

小边：38/38 毫米

高：35.2/34.8 毫米

市场参考价：5000 元 ~ 6000 元

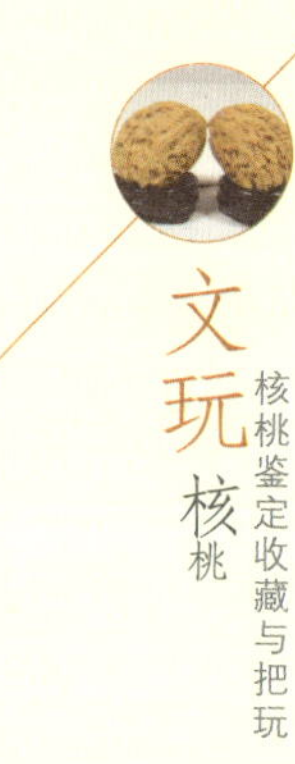

名称：马蹄狮子头

产地：河北涞水

尺寸：

边：46/46 毫米

肚：40/40 毫米

高：39/39 毫米

市场参考价：1 万元～ 1.2 万元

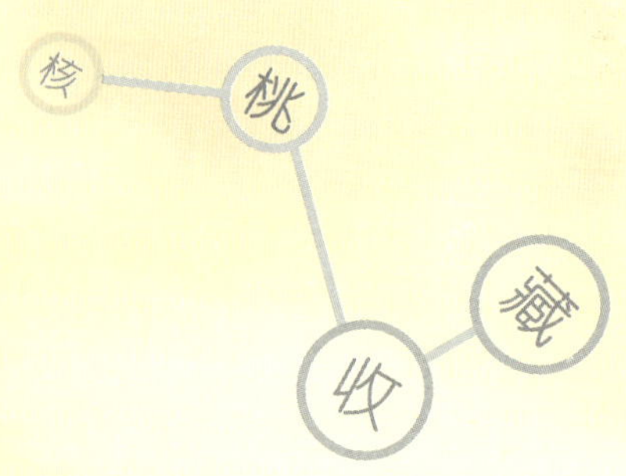

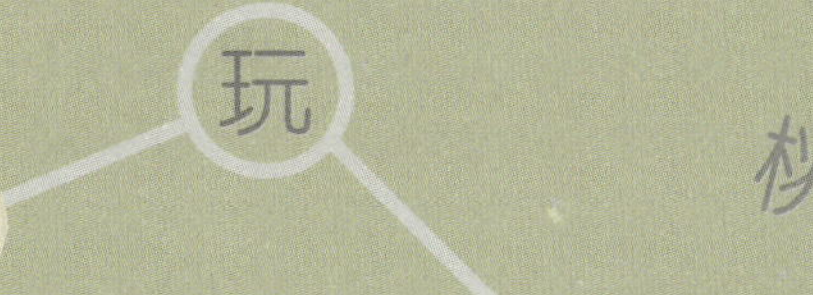

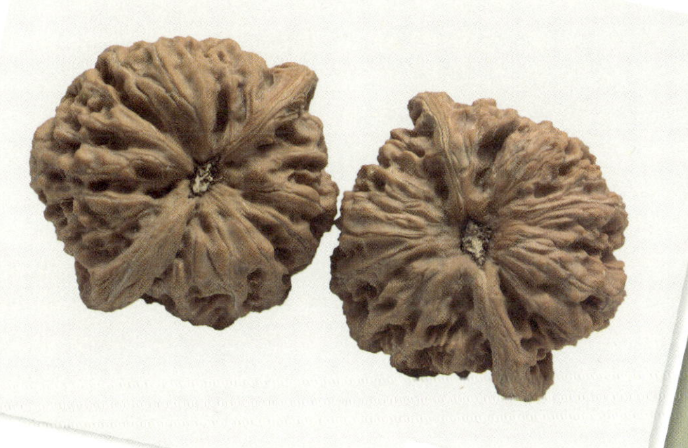

名称：马蹄狮子头

产地：河北涞源

尺寸：

边：43/43 毫米

肚：45/45 毫米

高：40/40 毫米

市场参考价：6000 元 ~ 7000 元

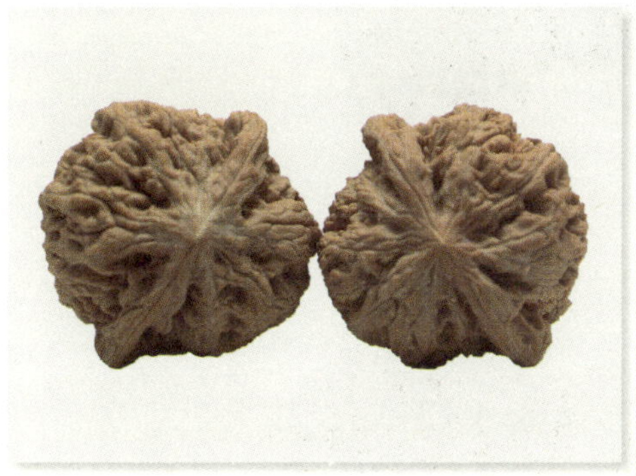

四座楼狮子头

四座楼狮子头是以产地命名的一款狮子头，其形最像老款闷尖狮子，此品种产于北京平谷四座楼山的一个深沟里，故得名四座楼狮子头。外形庄重大气，纹路规整舒展，矮桩大肚，平底厚边，皮质密度好，易上手。老树已毁，现在见到的都是嫁接的。

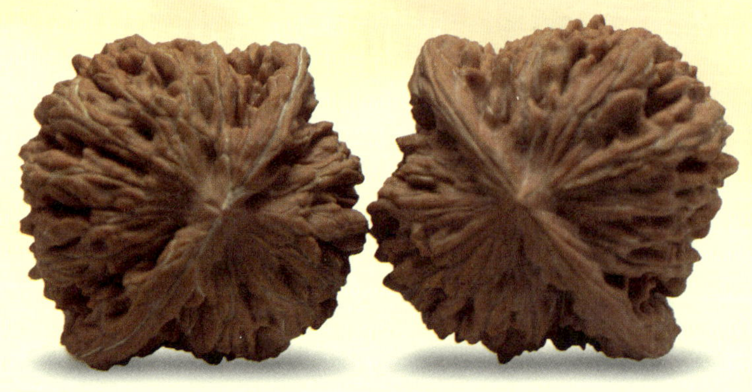

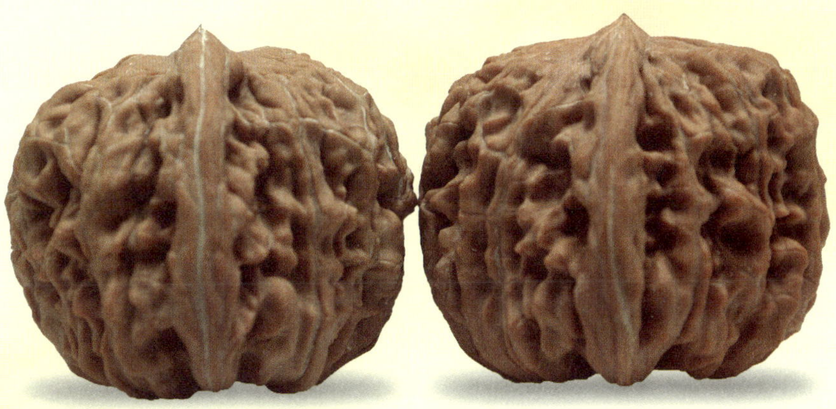

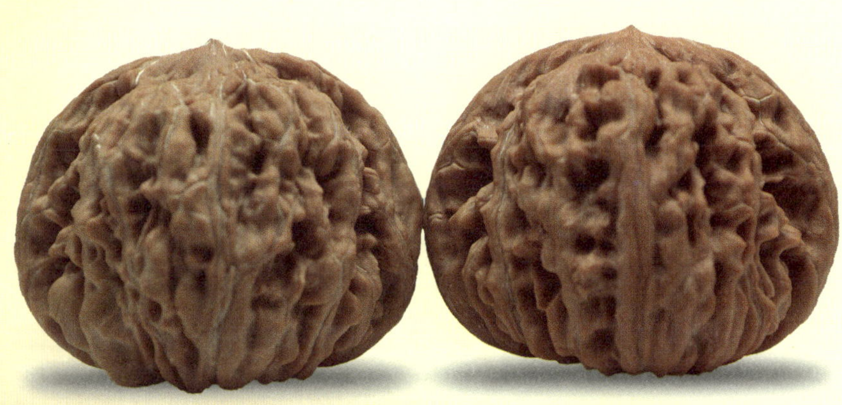

名称：四座楼狮子头

产地：北京平谷

尺寸：

边：46/46 毫米

肚：44/44 毫米

高：39/39 毫米

市场参考价：2.8 万元～3 万元

名称：四座楼狮子头（异形海鸥）

产地：北京平谷

尺寸：

边：40 毫米

肚：40 毫米

高：37 毫米

市场参考价：单只价 1000 元 ~ 1500 元，成对价 3800 元 ~ 4000 元

名称：四座楼狮子头（异形连体）

产地：北京平谷

尺寸：

边：50 毫米

肚：47 毫米

高：42 毫米

市场参考价：单只价 8000 元 ~ 9000 元，成对价 3 万元 ~ 3.5 万元

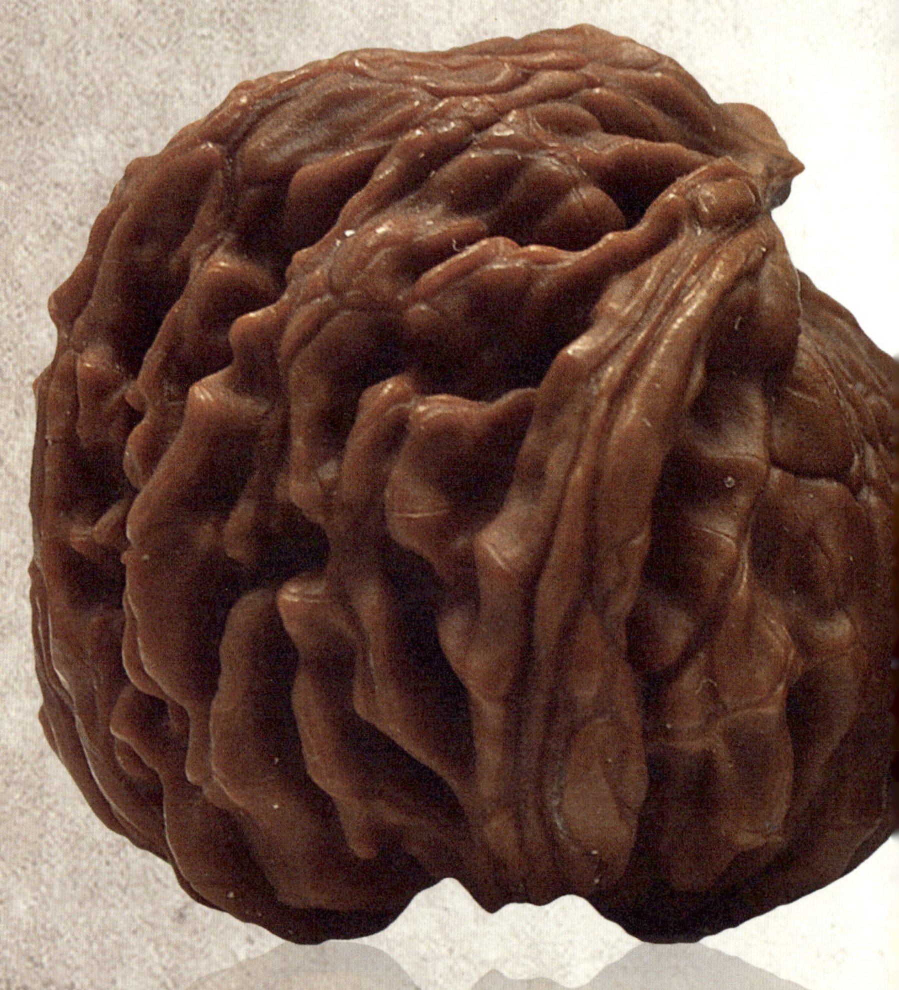

名称：四座楼狮子头（眼镜蛇）

产地：北京平谷

尺寸：

边：38.7/38.5 毫米

肚：36.8/35.8 毫米

高：35.2/34.4 毫米

市场参考价：4500 元～5000 元

磨盘狮子头

磨盘狮子头是按其形状特点命名的。这种核桃的野生树产地在河北涞水，磨盘狮子头的形状似磨盘，小尖，小边，纹路漂亮但较浅，密度大，分量重，皮质好，上手易红，很受玩家的喜爱。目前，磨盘狮子头已被嫁接，嫁接后的磨盘桩高，质量和形状没有野生的好。

名称：磨盘狮子头

产地：河北涞水

尺寸：

边：43/43 毫米

肚：40/40 毫米

高：36/36 毫米

市场参考价：5000 元～6000 元

名称：磨盘狮子头手串

产地：河北涞水

尺寸：单只直径 31 毫米～ 33 毫米

市场参考价：1500 元～ 2000 元

红狮子头

红狮了头核桃，现产地河北涞水（虎过庄、南安庄、西安庄等村），是人工培育的核桃，野生原树在河北涞水山区。“红狮子头”是近几年市场上新出现的品种。这个品种早在2001年就开始嫁接，次年成活，2003年基本出果，2004年产量不高。到了2006年，所有红狮子头加起来，有1000来颗，一共只有几棵树。2004年产果时并未起名字，虽然皮质纹路一流，由于母本不好，品相也不是很好，桩高尖大。2006年后，一批嫁接的红狮子头开始产果，由于这一批母本较好，产出的核桃桩变矮了，从而归类为狮子头。由于这种核桃皮质发红，上手也极易变红，故而取名红狮子头。

名称：红狮子头
产地：河北涞水
尺寸：
边：43/43 毫米
肚：43/43 毫米
高：38/39 毫米
市场参考价：2800 元 ~ 3500 元

元宝狮子头

元宝是中华民族吉祥之物，是财富和长寿的象征。元宝象征财富不言而喻，而象征长寿则是因为古代的元宝外形又长又瘦，与“长寿”谐音。俗话说“要想财路通，元宝攥手中”，更有“手握元宝，长生不老”之说。秦皇岛产的元宝狮子头数量稀少、形状规整、手感极好、皮色红润，是文玩爱好者把玩收藏之佳品。

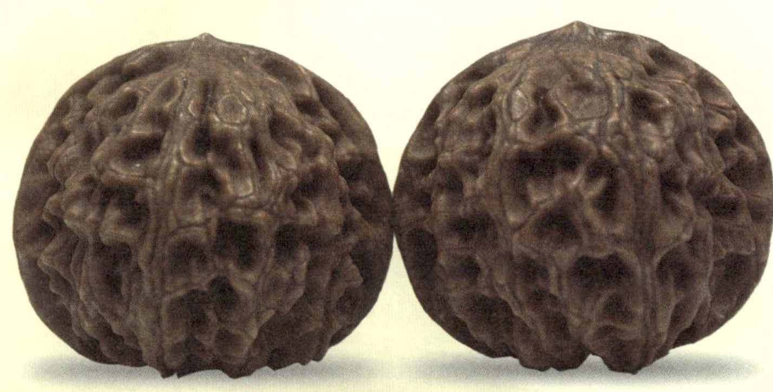

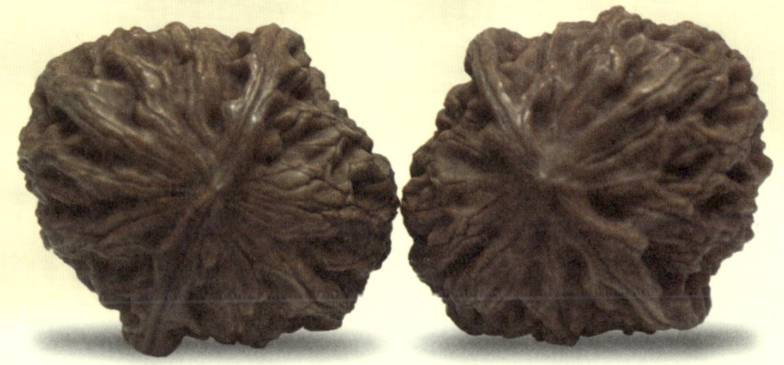

名称：元宝狮子头

产地：河北秦皇岛青龙山

尺寸：

边：39/39 毫米

肚：43/43 毫米

高：35/35 毫米

市场参考价：3500 元～ 4000 元

名称：元宝狮子头（三道筋）

产地：河北秦皇岛青龙山

尺寸：

边：40/40 毫米

高：35/35 毫米

市场参考价：1.5 万元～ 2 万元

马老四狮子头

马老四狮子头是一款以树主人名字命名的狮子头，此品种产于天津蓟州区，北京的玩家基本都称其为狮子头核桃，天津有人称其为虎头。这种核桃目前属于野生核桃，还没有见到嫁接好的。此种核桃外形端庄稳重，纹路深，密度大，分量重，皮质好，桩相高，市场俗称“大驴脸儿”。

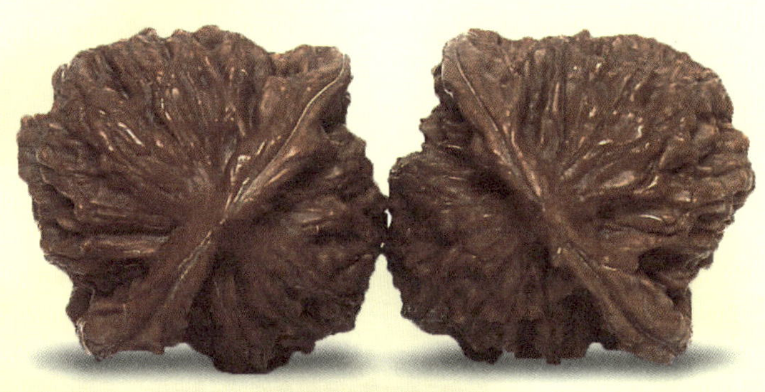

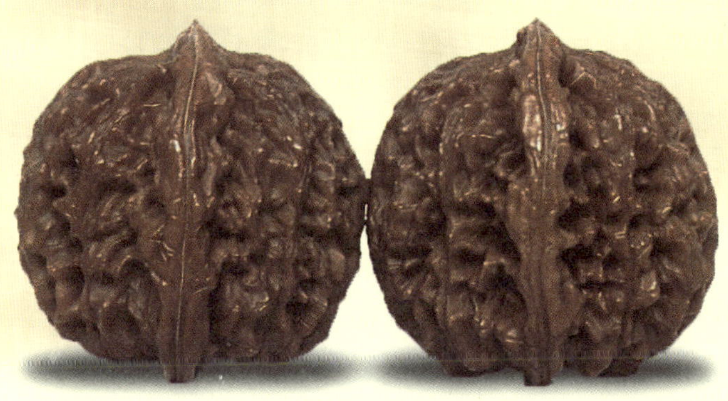

名称：蓟州野生马老四狮子头

产地：天津蓟州

尺寸：

边：43/43 毫米

肚：42/42 毫米

高：44/44 毫米

市场参考价：6000 元　8000 元

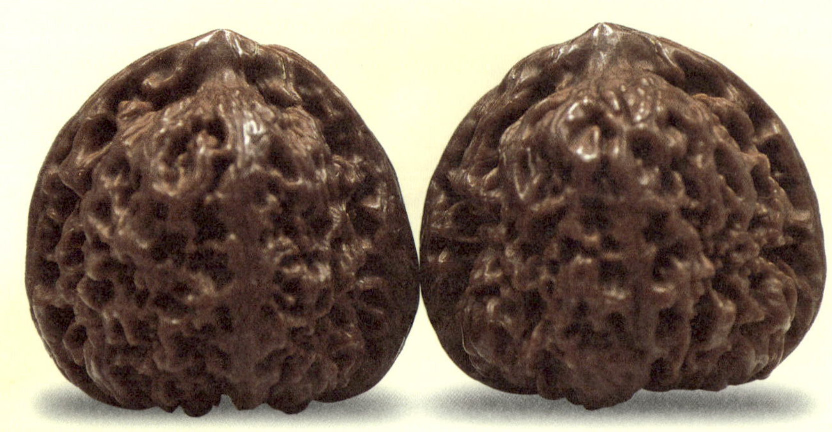

南将石狮子头

南将石狮子头产自核桃名品之乡河北涿鹿南将石村，以其皮质密度高、坚硬而著称。分辨南将石狮子头是新核桃还是老核桃，可以观察其皮色。新核桃从皮色上看，颜色不是很红，呈姜黄色，放在手中极其压手，十字尖非常明显，宽筋，凹底，“万字纹”，把玩出来呈玛瑙红色。虽上色较慢，但还是深受广大玩家的喜爱。它的木质硬度很高，把玩时不慎掉在地上也不易摔坏。

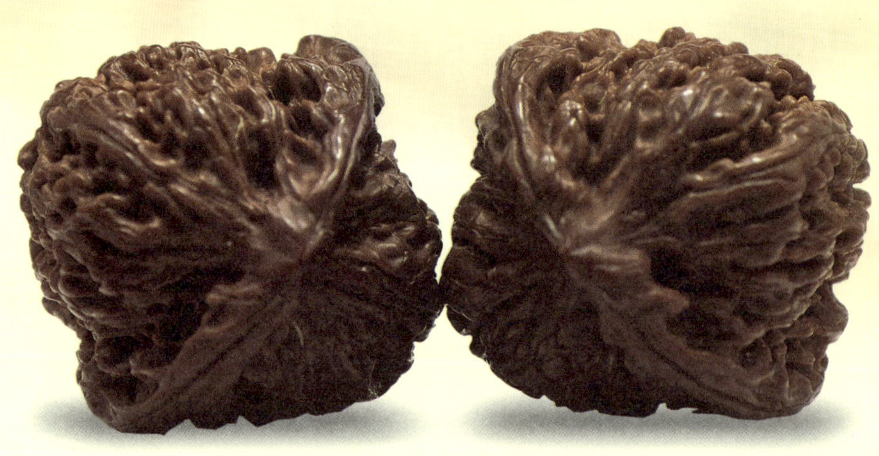

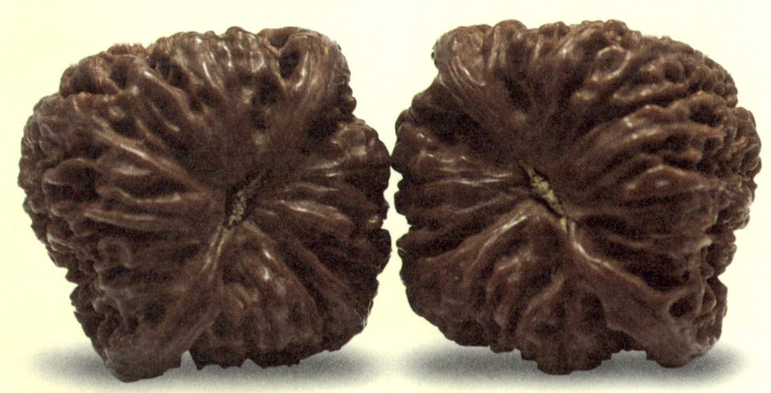

名称：南将石狮子头

产地：河北涿鹿南将石村

尺寸：

边：41/41 毫米

肚：39/39 毫米

高：37/37 毫米

市场参考价：3000 元～4000 元

名称：南将石狮子头（酒壶）

产地：河北涿鹿南将石村

尺寸：

边：44.7/44.5 毫米

肚：41/40 毫米

高：36.2/35.8 毫米

市场参考价：7 万元 ~ 7.5 万元

名称：南将石狮子头（异形金蟾）

产地：河北涿鹿南将石村

尺寸：

边：39/38.8 毫米

肚：44/43 毫米

高：34.5/33.5 毫米

市场参考价：6800 元～7500 元

名称：南将石狮子头（半壁江山）

产地：河北涿鹿南将石村

尺寸：

肚：39/38 毫米

边：32/31 毫米

高：39.7/39.7 毫米

市场参考价：3500 元 ~ 4500 元

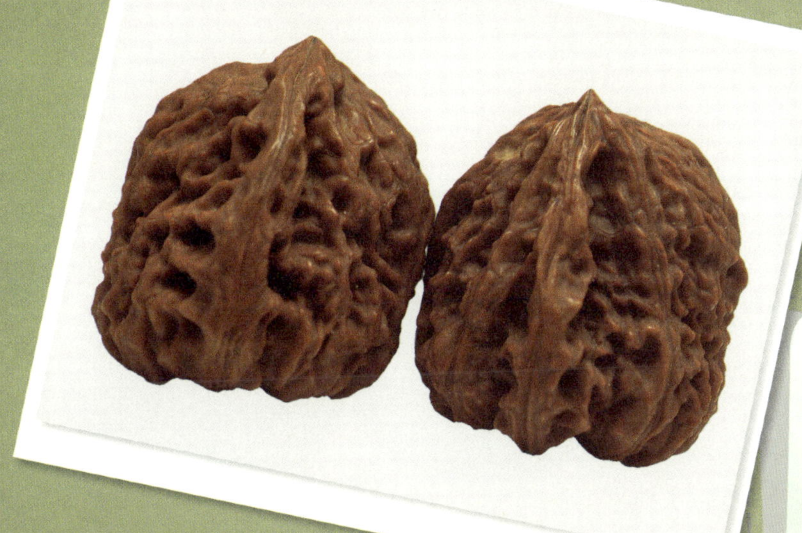

名称：南将石狮子头（一道筋）

产地：河北涿鹿南将石村

尺寸：

边：39.8/39 毫米

肚：33.4/33 毫米

高：37.2/37 毫米

市场参考价：3500 元 ~ 4000 元

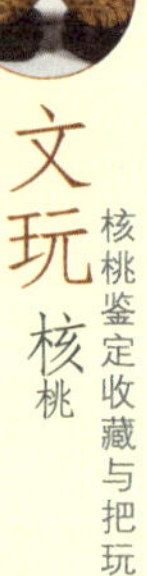

密纹狮子头

密纹狮子头是以核桃的纹路来命名的。这种核桃纹路细腻，花纹漂亮，矮桩，凹底，皮色较好，上手即红，深受广大玩家的喜爱。据说野生的原树尚存活，在北京市昌平区，树干直径在30厘米左右，并且树势很好。

名称：涞水矮桩密纹狮子头

产地：河北涞水

尺寸：

边：43/43 毫米

肚：42/42 毫米

高：38/38 毫米

市场参考价：4000 元 ~ 5000 元

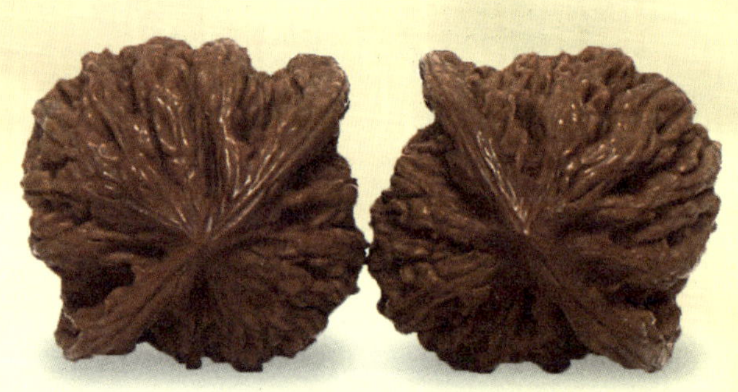

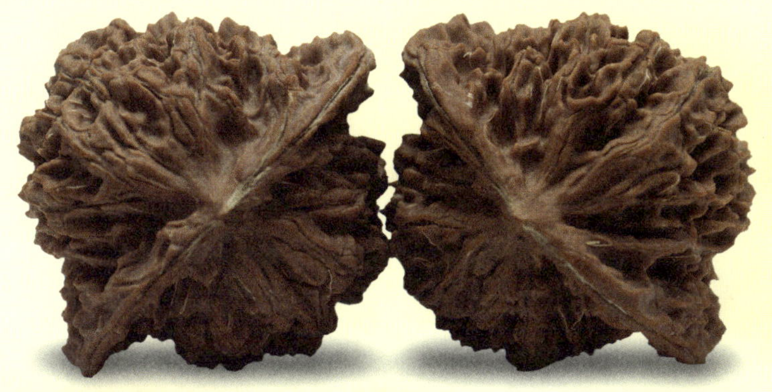

蟠龙纹狮子头

蟠龙纹狮子头是以核桃纹路命名的，最早叫矮桩宽边细纹狮子头，产地在河北邢台市与山西左权县交界处。2008年，这棵野生狮子头核桃树被多地的核农发现并嫁接，原树的现状越来越不乐观，由于打杩子的数量过多、速度过快，树冠比原来小了很多，每年产量不大，正常情况下每年约产500颗。“蟠龙纹狮子头”这个名字还是近两年才出现的，早两年，这棵树的核桃根本没有名字。其特点是：纹路深且漂亮，不单薄，走向变化多，矮桩。还有个很明显的特征就是肚子扁，在狮子头品种里不多见。核桃的边虽说不算厚，但很宽，外观好看。皮质好，皮色也很漂亮，上色快。

名称：蟠龙纹狮子头
产地：河北邢台
尺寸：
边：47/47 毫米
肚：38/38 毫米
高：39/39 毫米
市场参考价：1.2 万元~ 1.5 万元

名称：蟠龙纹狮子头（三棱）

产地：河北邢台

尺寸：

边：41.8/41.5 毫米

高：38.5/38.4 毫米

市场参考价：2.5 万元 ~ 3 万元

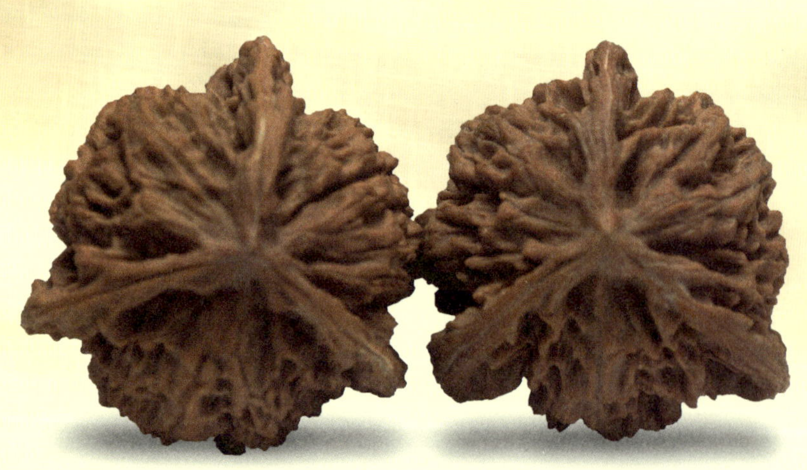

麒麟纹狮子头

麒麟纹狮了头是按其纹路特点命名的核桃，此品种产自河北，因纹路似传说中麒麟身上的鳞片，故得名麒麟纹。特点是矮桩大底，个头丰满，外形端庄周正，闷尖大肚，边宽而厚，大凹底，皮色漂亮，皮质坚硬，有分量，上手易红。此品种在市场上极为罕见，故宫博物院至今仍然珍藏着此品种的核桃。

名称：红崖山麒麟纹狮子头
产地：河北易县红崖山
尺寸：
边：48/48 毫米
肚：45/45 毫米
高：38/38 毫米
市场参考价：8000 元～9000 元

刀子狮子头

刀子狮子头是按其边的特点命名的核桃，这个品种的核桃边大且薄，纹路粗犷，兜底，肚圆，皮色好，容易上色。当初这个品种的核桃出来时，并没有名称，当地核农剥青皮时不慎被其棱（或尖）划伤了手，惊呼："这哪儿是核桃呀，这不是刀子吗！"于是"刀子"的名称便由此而来。

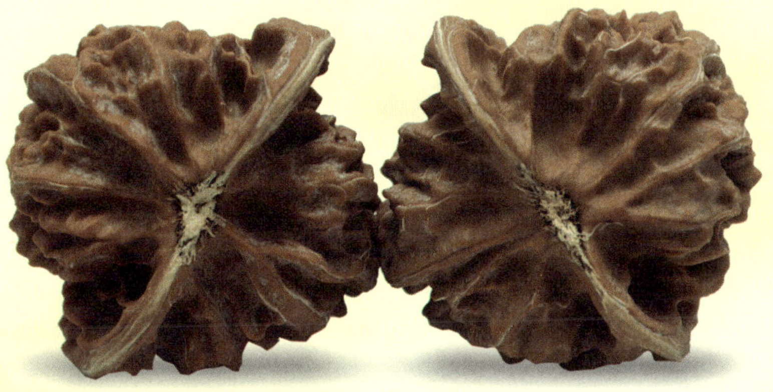

名称：宽边刀子狮子头

产地：河北涞水

尺寸：

边：41/41 毫米

肚：39/39 毫米

高：39/39 毫米

市场参考价：1500 元～2000 元

宫灯狮子头

宫灯狮子头也叫宫廷灯笼狮子头，以形似古时宫内宫女所挑之宫灯而得名，传说是古代帝王手中盘玩的一种极品狮子头。矮桩很是难得。通体圆润，筋粗纹深。周身浑圆，非常涨手。皮质好，密度大，大凹底，分量压手，产量不高，市面上销售很少。

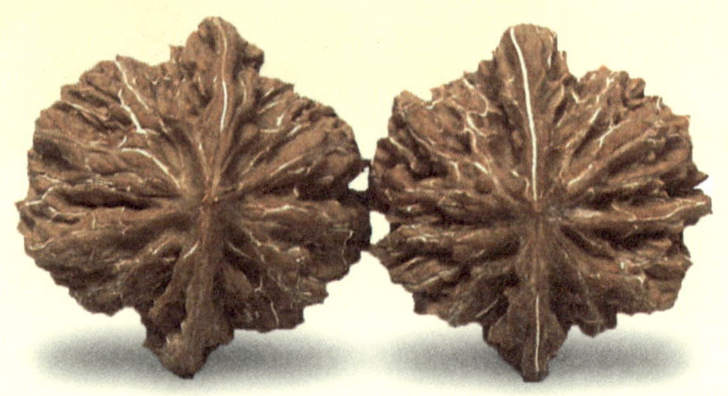

产地：河北涞水

尺寸：

边：44/44 毫米

肚：43/43 毫米

高：39/39 毫米

市场参考价：8000 元～9000 元

御玺狮子头

本品种产自天津蓟州田家峪村的深山里，外形大气，典型的老款闷尖，纹理细腻。传说乾隆皇帝把玩的就是此品种，闲暇时他经常将核桃放在御玺旁，欣赏核桃每天不断变红润，故此得名御玺狮子头。此品种市场上很少见到，基本都是独家销售。

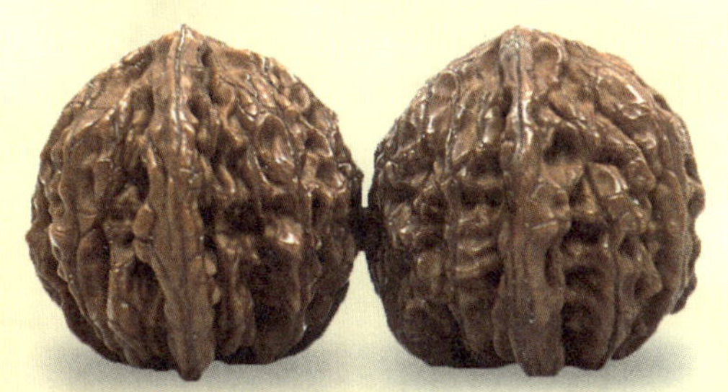

名称：蓟州野生御玺狮子头

产地：天津蓟州

尺寸：

边：42/42 毫米

肚：40/40 毫米

高：38/38 毫米

市场参考价：2800 元～3200 元

四眼狮子头

此品种核桃尾脐的四个角上（靠近边的根部）各有一个很小的坑，猛一看很像4个很细的小眼，故得名，具体是谁给起的这个名字不好说，也许是在闲聊时叫起来的。但4个眼不是绝对的，大多都有这个特点，也有3个的，也有2个的。其特点是皮质好，纹路深，大底，略凹，上色快，边较厚，高桩的较多，外形有点儿像虎头。这棵树在北京市昌平区居庸关附近的九仙庙，往年也有玩家称之为“九仙庙狮子头”。这棵树保护得较好，树冠完整，树龄上百年，常年有人看守，所有权归村里，每年的承包价或是包树价由村干部商定。

名称：满天星狮子头
产地：河北涞水
尺寸：
边：45/45 毫米
肚：43/43 毫米
高：40/39 毫米
市场参考价：6000 元～7000 元

满天星狮子头

满天星狮子头是按其纹路的特点命名的。这种核桃的野生树的产地是北京远郊的百花山风景区，后被毁掉，现在河北涞水县产的满天星狮子头是嫁接的品种。满天星狮子头的形状较为规整，有大尖，厚边，凹底，纹路杂乱无章，核桃表面呈小疙瘩状，密集地连接在一起，形似夜空中的星星，所以被核农命名为“满天星”，也叫百花山狮子头。说是狮子头，其实外形更像官帽。因其上色快，纹理如繁星点点，深受玩家青睐。

核桃收藏

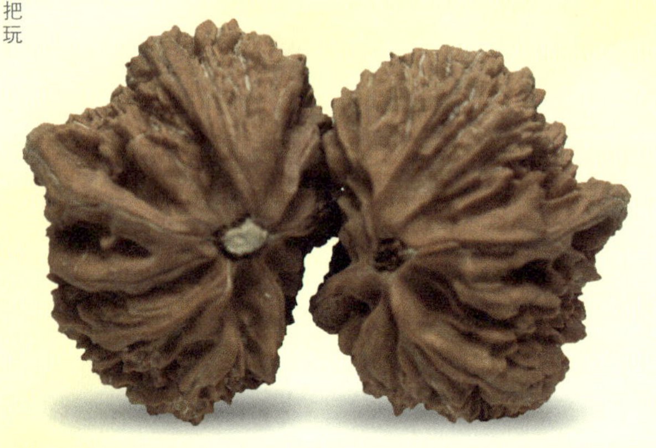

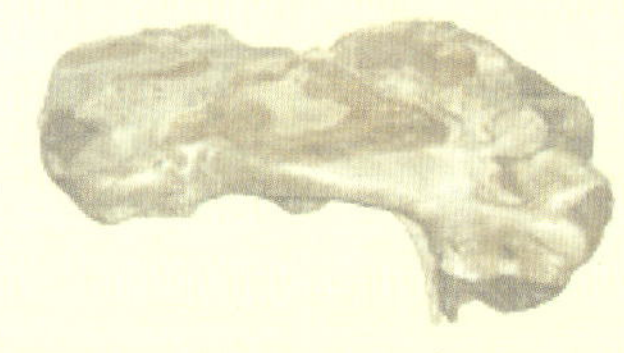

名称：满天星狮子头（鹰嘴）

产地：河北涞水

尺寸：

边：34.7/34 毫米

肚：38/37 毫米

高：40/39 毫米

市场参考价：4600 元 ~ 5000 元

名称：满天星狮子头（眼镜蛇）

产地：河北涞水

尺寸：

边：42 毫米

肚：40 毫米

高：41 毫米

市场参考价：单只价 1500 元 ~ 2000 元，成对价 5000 元 ~ 8000 元

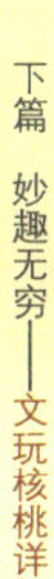

名称：满天星（生命源）

产地：河北涞水

尺寸：

边：40/40 毫米

肚：36/36 毫米

高：38/38 毫米

市场参考价：3800 元 ~ 5500 元

名称：百花山满天星狮子头（人之初）

产地：河北涞水

尺寸：

边：40.8/40.2 毫米

肚：33.8/33.7 毫米

高：35.8/35.7 毫米

市场参考价：5900 元 ~ 6500 元

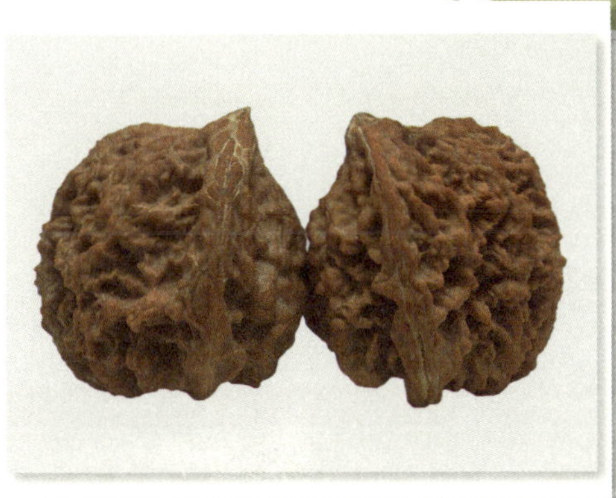

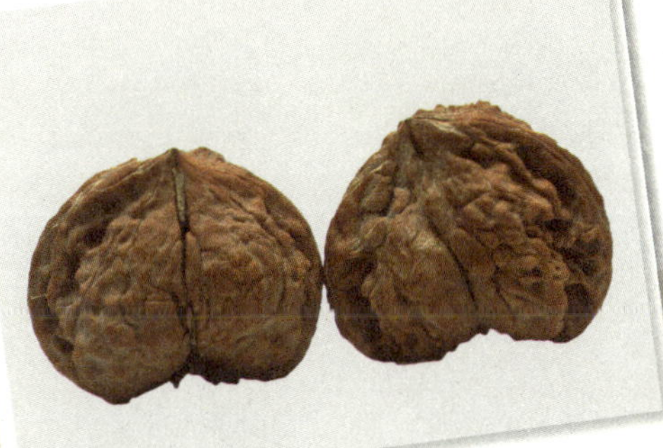

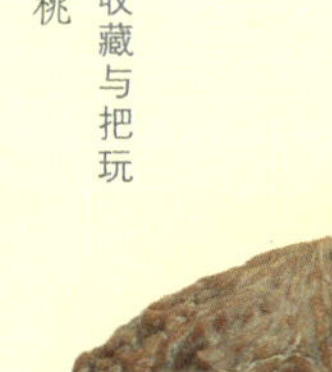

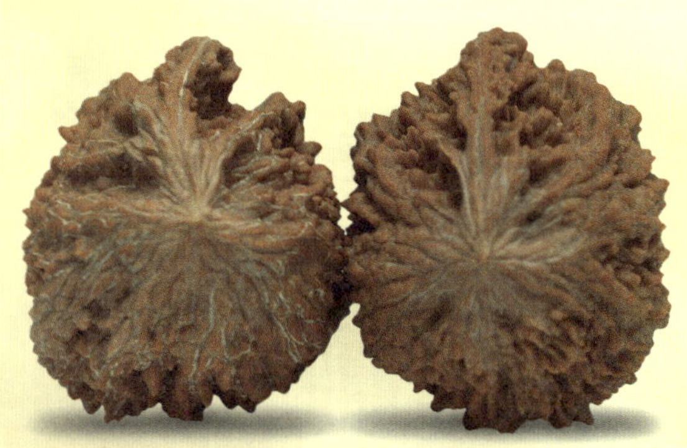

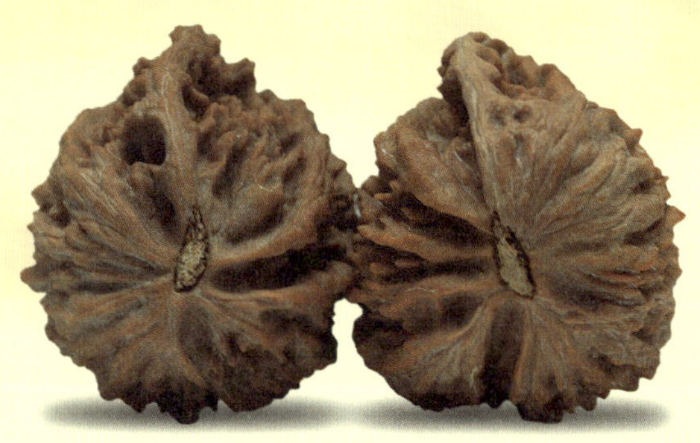

名称：百花山满天星狮子头（一道筋）

产地：河北涞水

尺寸：

边：35/34.7 毫米

肚：29.2/29 毫米

高：41.6/41.2 毫米

市场参考价：2700 元～3500 元

名称：满天星狮子头手串

产地：河北涞水

尺寸：单只直径 31 毫米 ~ 32 毫米

市场参考价：1500 元 ~ 1800 元

粗纹狮子头

粗纹狮子头原产于北京延庆区大庄科乡香屯村一棵老树上，因当地气温与其他产地温差较大，此核桃常年成熟度不够，结的果实都是黄尖花皮。被涞水核农嫁接成活后，每年产量很大，成熟度也很高。

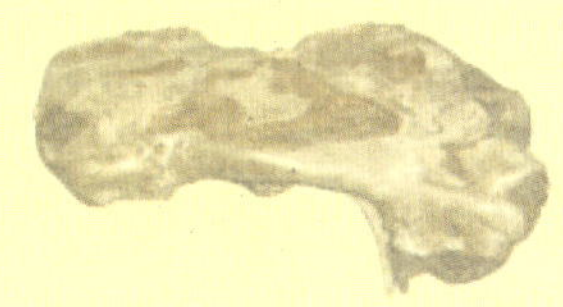

名称：粗纹狮子头

产地：河北涞水

尺寸：

边：43/43 毫米

肚：40/40 毫米

高：39/39 毫米

市场参考价：3000 元～4000 元

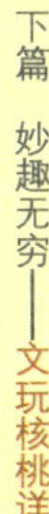

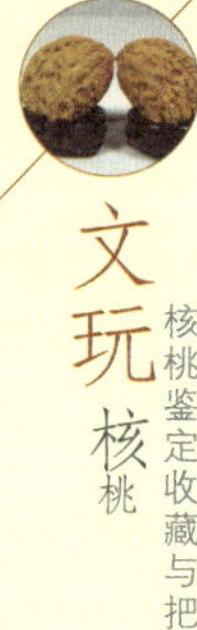

名称：粗纹狮子头手串

产地：河北涞水

尺寸：单只直径 32 毫米

市场参考价：800 元~ 1000 元

菊花纹狮子头

菊花纹狮子头产于河北兴隆县花市村深山中，因为其纹理犹如菊花绽放一般，故此得名菊花纹狮子头。此品种每年产量很低，所以配对都不是特别完美，但把玩后纹理更加圆润，层次感极强，深受玩家喜爱。

产地：河北承德兴隆县

尺寸：

边：42/42 毫米

肚：41/41 毫米

高：39/39 毫米

市场参考价：4000 元～4500 元

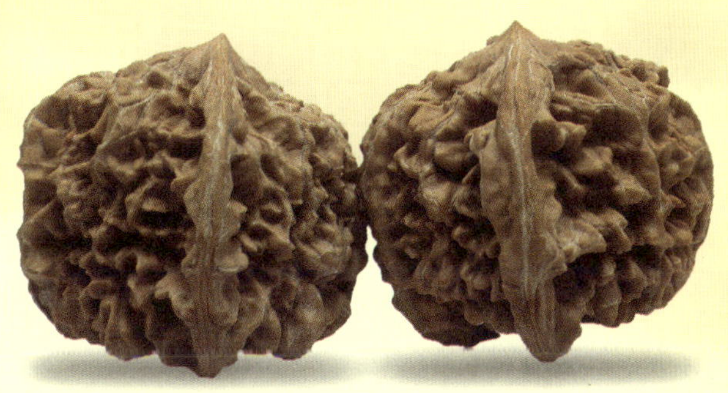

名称：菊花纹狮子头（眼镜蛇）

产地：河北承德兴隆县

尺寸：

边：42 毫米

肚：41 毫米

高：39 毫米

市场参考价：单只价 3500 元～4000 元，成对价 1.5 万元～1.8 万元

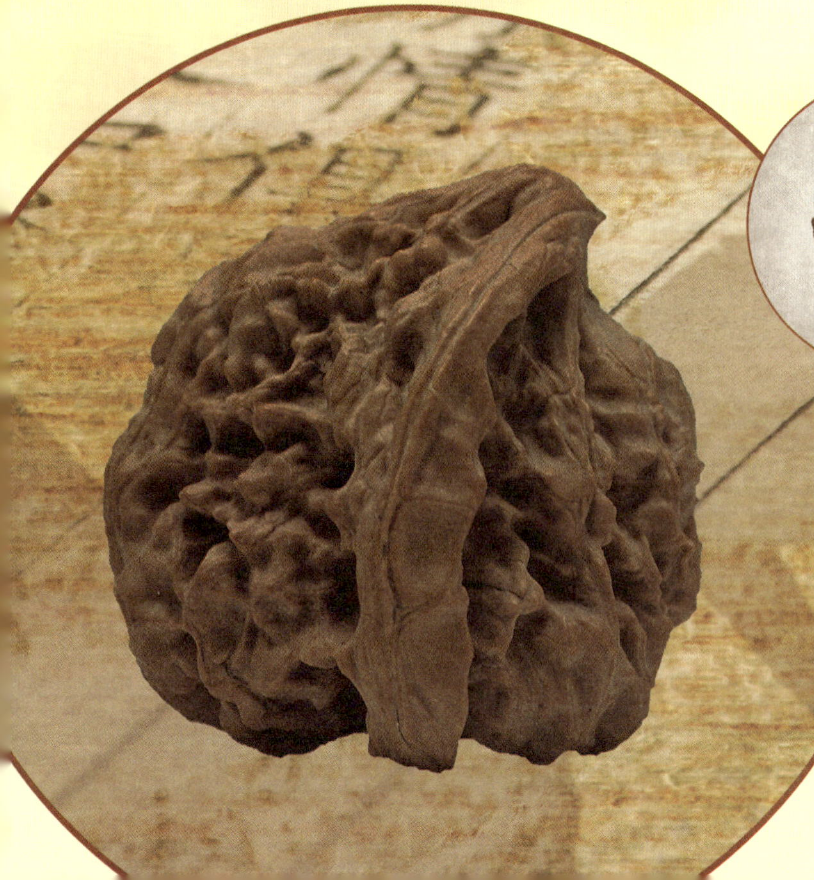

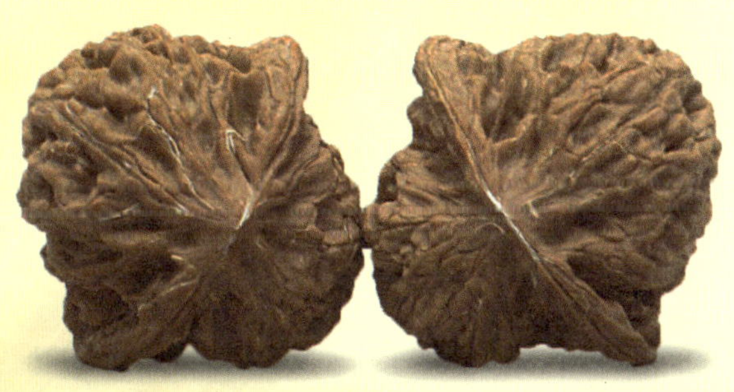

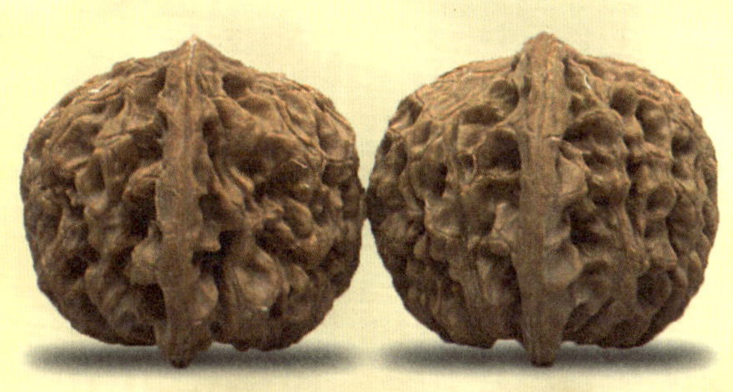

野生八达岭狮子头

野生八达岭狮子头是由产地来命名的品种，生长在八达岭山区，是典型的矮桩闷尖品种。皮质好，易上色，大平底，深受玩家喜爱。每年产量仅几十颗，类似这样的品种市场上基本都是独家销售。

名称：野生八达岭狮子头

产地：北京八达岭

尺寸：

边：42/42 毫米

肚：41/41 毫米

高：38/38 毫米

市场参考价：3500 元 ~ 4000 元

门墩狮子头

门墩狮子头是天津蓟州区盘山的精品麻核桃品种，因其平顶闷尖，凹底，麒麟纹理，分量重，上色快，深受玩家喜爱。此品种产量每年都很低，市场供不应求。

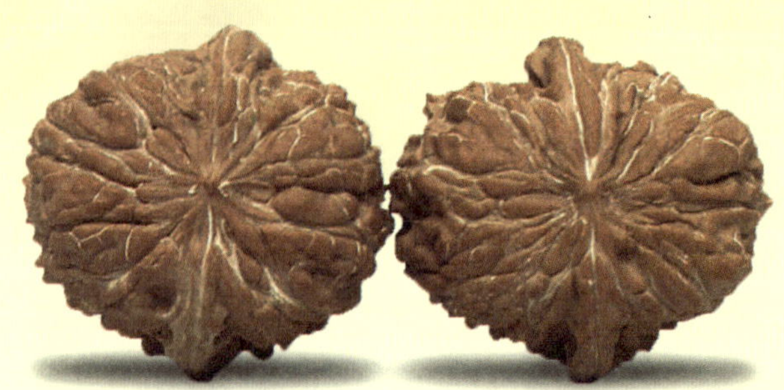

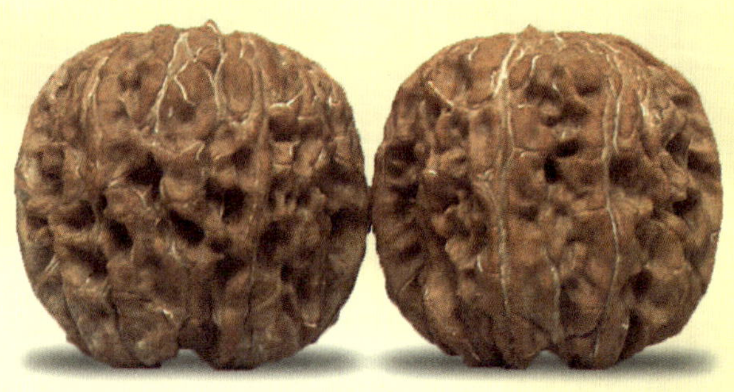

名称：门墩狮子头
产地：天津蓟州
尺寸：
边：43/43 毫米
肚：46/46 毫米
高：39/39 毫米
市场参考价：1 万元～ 1.2 万元

名称：刘老四三棱狮子头
产地：北京平谷罗家沟
尺寸：
边：41/41 毫米
高：36/36 毫米
市场参考价：2.6 万元～3 万元

刘老四三棱狮子头

刘老四三棱狮子头属于纯野生闷尖狮子头品种，产于北京市平谷区罗家沟村。原树的主人姓刘，在家中排行老四，后来本品种的玩家们都叫它刘老四闷尖狮子头。本品种属于三棱品种中的正“奔驰”三道筋，每年产量300颗至800颗不等。此品种占本棵树产量总数的5%左右，但是因文玩核桃的特殊性和不可预知性，也不排除偶尔一两年这棵树剥开的所有核桃，一枚三道筋的都没有。此品种具有蓟州核桃红的特点，上手即红，皮质超好，纹理较浅，符合百年老款狮子头的一系列特点，深受玩家们的喜爱。

灯笼狮子头

灯笼狮子头外形漂亮，从正面看，很像大大的寿桃，具有官帽的外观，肚子大，有时候肚子的尺寸超过边的尺寸，但不会超过很多，大致与边的尺寸接近；侧面看显得较圆。把玩起来手感很舒服，大底，很平稳，敦实有力，坐得住，宽边，是野生老树结的核桃。边的特点是一边厚，一边略薄，有的边略有弯曲，给人狂野的感觉，在边上有较浅的沟壑纹。脐扁长，属于松脐，皮质好，上色较快，上手后当天即上色，一般盘一年之后，就会有很好的包浆，有玉质感。纹路深，正面大筋明显，加之桩相对较矮，因此得名灯笼狮子头。由于尖部比较突出，所以在把玩的时候，要格外注意不要磕碰和脱手。

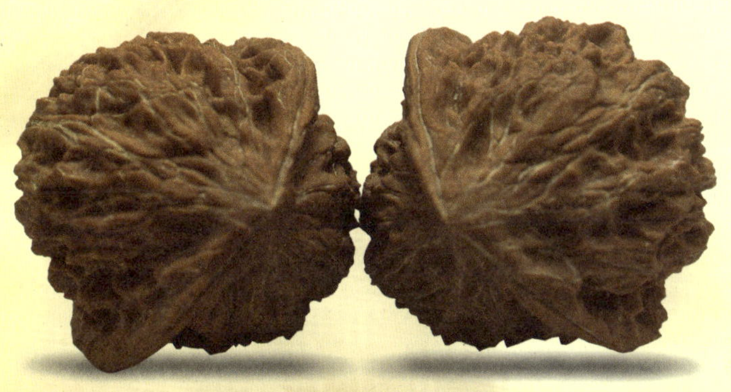

名称：灯笼狮子头

产地：河北易县红崖山

尺寸：

边：40/40 毫米

肚：40/40 毫米

高：39/39 毫米

市场参考价：1500 元～ 2000 元

名称：灯笼狮子头（三棱）

产地：河北涞源

尺寸：

边：42/42 毫米

高：39/39 毫米

市场参考价：2.2 万元～2.5 万元

名称：灯笼狮子头（四道筋）

产地：河北涞水

尺寸：

大边：43/43 毫米

小边：40/40 毫米

高：37/37 毫米

市场参考价：2.8 万元 ~ 3 万元

名称：灯笼狮子头（四棱，单只）

产地：河北易县红崖山

尺寸：

大边：50 毫米

小边：48 毫米

高：42 毫米

市场参考价：单只价 1.2 万元 ~1.5 万元，成对价 5 万元 ~ 5.5 万元

仙人球狮子头（异形刺猬）

仙人球狮子头异形刺猬属于异形核桃中的一道筋品种。因其纹理如植物仙人球，把玩起来十分扎手，有非常好的手疗作用，又因其一道筋纹理如刺状，形似两只刺猬，故此得名。

名称：仙人球狮子头（刺猬）

产地：河北易县紫荆关

尺寸：

边：41/41 毫米

肚：39/39 毫米

高：43/43 毫米

市场参考价：4500 元 ~ 5000 元

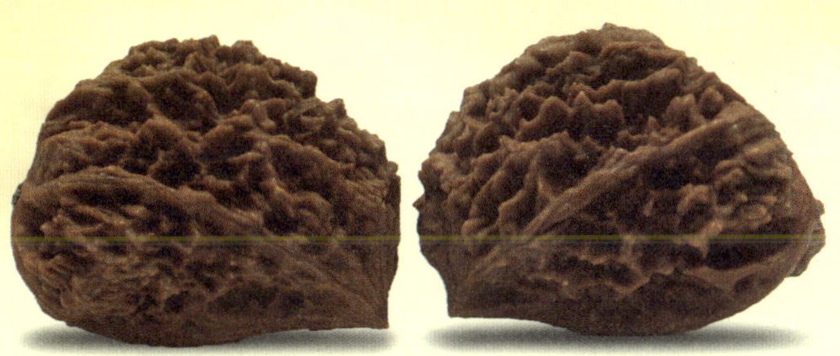

金蟾狮子头

金蟾狮子头又叫蛤蟆头，是北京昌平区南口镇附近的一棵野生麻核桃树所结的果子，因其外形肚子大，闷尖，而且肚子顶部有明显凸起的两个小圆疙瘩，而肚子底部两侧又有凸起的两个不规则大疙瘩，酷似一只青蛙正卧在核桃的肚子上，故此得名蛤蟆头，后来玩家为使此品种名字更加悦耳，又称为“金蟾狮子头”。这种核桃年产量低，成熟期比一般核桃晚，所以核桃的成熟度不是很高，把玩上色的速度和颜色与南将石狮子头非常接近。一般北京的老玩家对此品种略有耳闻，但新手对此品种却知之甚少。本品为金蟾狮子头一道筋，异形在这个品种中属于极少的，所以更为名贵。

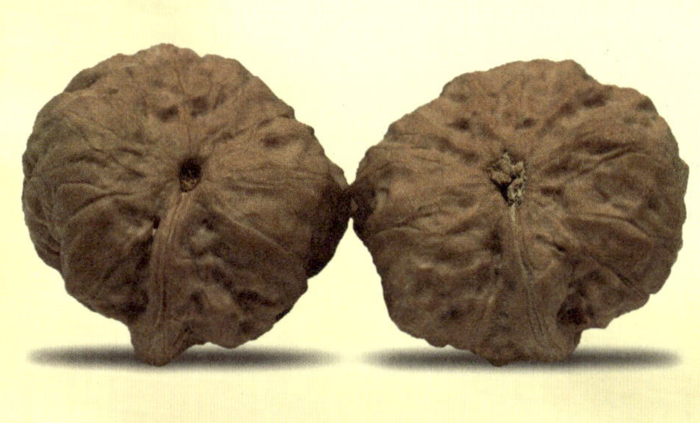

名称：金蟾狮子头（一道筋）
产地：北京昌平南口镇
尺寸：
边：39/39 毫米
肚：37/36.5 毫米
高：31/31 毫米
市场参考价：3500 元 ~ 4000 元

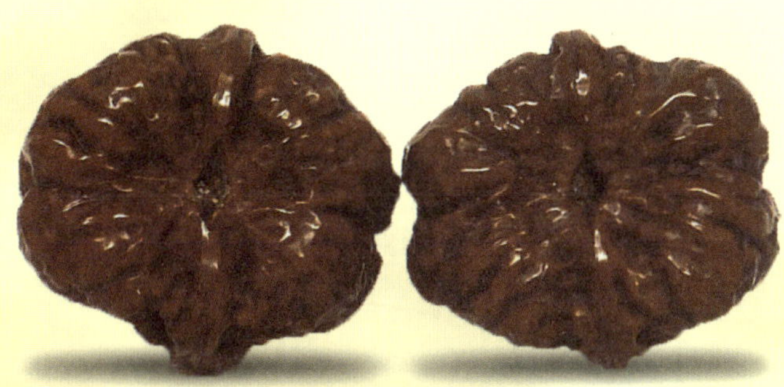

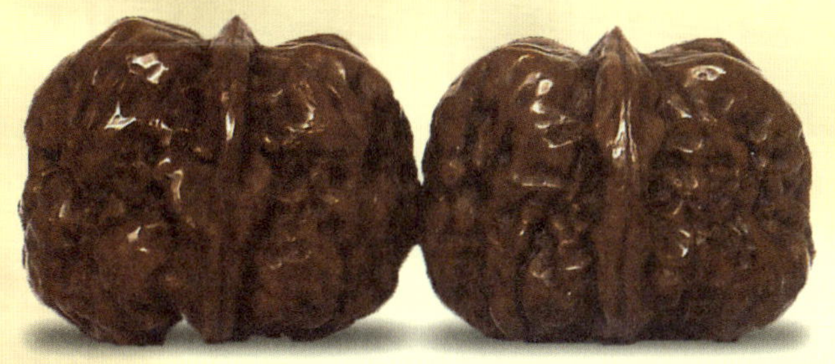

名称：野生金蟾狮子头

产地：北京昌平南口镇

尺寸：

边：43/43 毫米

肚：45/45 毫米

高：40/40 毫米

市场参考价：5800 元～6500 元

霞云岭狮子头

野生霞云岭狮子头产地在北京房山区霞云岭乡深山中，因产地而得名。本品种宽筋，拧花深纹路，脐部呈凤眼状，特点极为明显，皮质密度大。刚开始把玩，皮色为姜黄色，一个月后可以变成橘红色，把玩上色是渐进的一种上色速度，只有这样的皮质，盘完包浆挂瓷后，才会呈现玛瑙红而不是暗红色。选购文玩核桃时，请诸位玩家特别是汗手的玩家尽量选择循序渐进上色的品种。

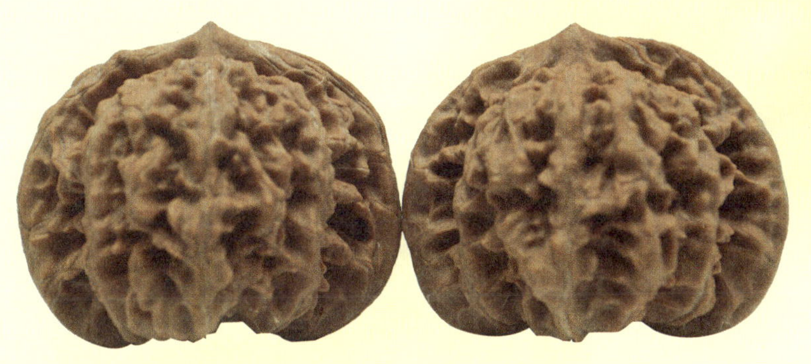

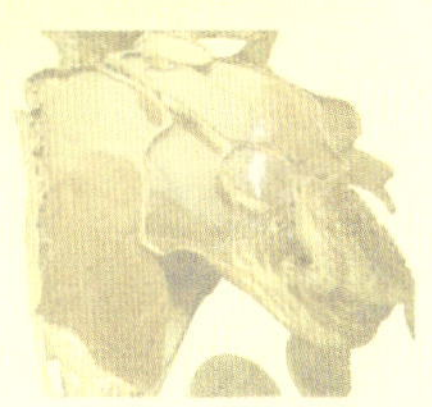

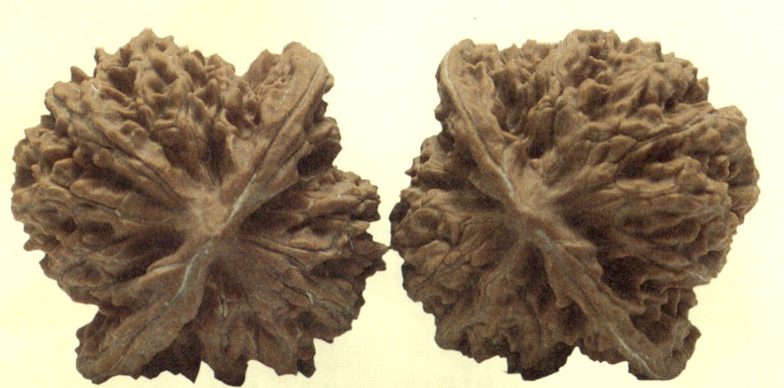

名称：霞云岭狮子头

产地：北京房山区霞云岭乡

尺寸：

边：45/45 毫米

肚：44/44 毫米

高：39/39 毫米

市场参考价：6000 元～ 7000 元

名称：霞云岭狮子头（丁字，三道筋）

产地：北京房山区霞云岭乡

尺寸：

边：48 毫米

高：39 毫米

市场参考价：单只价 5500 元～ 6000 元，成对价 2.5 万元～ 2.8 万元

平顶狮子头

平顶狮子头属于嫁接培育品种，因其核桃尖部很平，既不凹陷也不凸起，所以玩家叫它平顶狮子头。这个品种不同于闷尖狮子头，因为闷尖狮子头的尖部呈山字形（也有人说是W形），所以大家购买平顶狮子头的时候，不要以为此类平顶狮子头就是闷尖的品种。

名称：平顶狮子头（五道筋）

产地：河北涞水

尺寸：

边：50 毫米

肚：46 毫米

高：38 毫米

市场参考价：单只价 1.2 万元～ 1.5 万元，成对价 3.5 万元～ 4 万元

137狮子头

137狮子头是涞水麻核桃种植基地嫁接成活的品种。为什么叫137狮子头呢？这是因为在2009年这个品种刚嫁接成活，到8月份下树的时候，长了上百颗果子，但配对却非常难，当时那位核农在百余颗果子里配出一对最大的，结果有个上山买核桃的玩友最终以13700元的好价格成交，所以叫137狮子头。此品种纹理酷似满天星狮子头，所以市场上很多人用它冒充满天星狮子头高价售卖。希望玩家仔细观察，其纹理与满天星有些区别，137狮子头为碎花柳状纹，满天星狮子头是地地道道的点状纹。

此品种能长三棱的果头非常罕见，所以配对很难，能拥有一对三棱的137狮子头也是很值得炫耀的。

名称：137 狮子头（三棱）
产地：河北涞水
尺寸：
边：42 毫米
高：38 毫米
市场参考价：单只价 3000 元～ 4000 元，成对价 2.5 万元～ 2.8 万元

石头狮子头

石头狮子头是嫁接的品种，产于河北涞水长安庄村，因其皮质密度高，非常坚硬，故此得名石头狮子头。一些核商用石头狮子头充当南将石狮子头在市场上销售，本品与南将石狮子头有一定区别，石头狮子头没有十字尖，底部轻微凹陷，上色较快。

名称：石头狮子头（蝴蝶连体，单只）
产地：河北涞水长安庄
尺寸：
边：60 毫米
肚：47 毫米
高：45 毫米
市场参考价：单只价 1 万元 ~1.2 万元，成对价 4 万元 ~4.3 万元

名称：水龙纹狮子头

产地：河北易县

尺寸：

边：40.2/39.4 毫米

肚：40/39.2 毫米

高：41.7/41.2 毫米

市场参考价：3000 元～4000 元

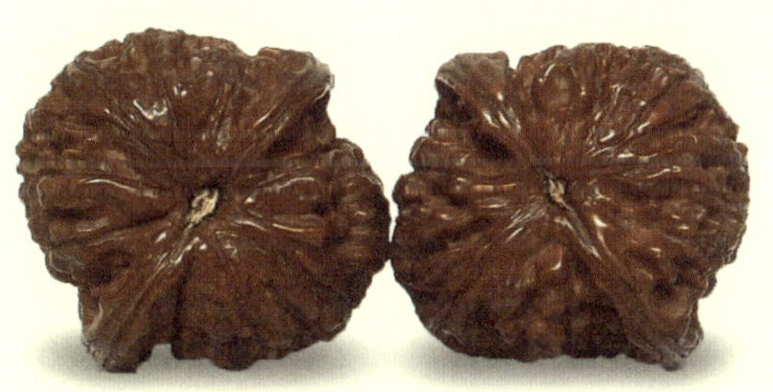

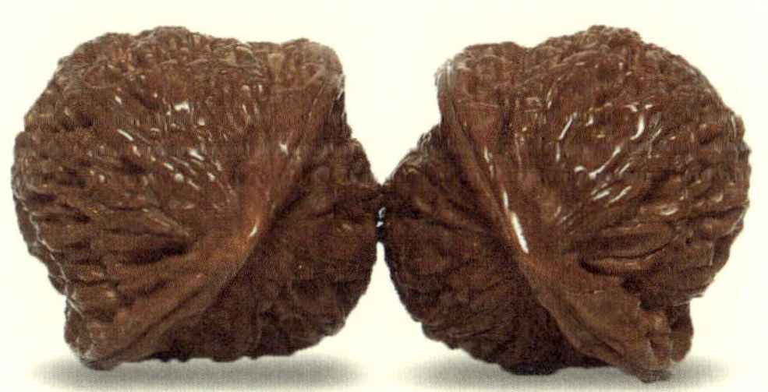

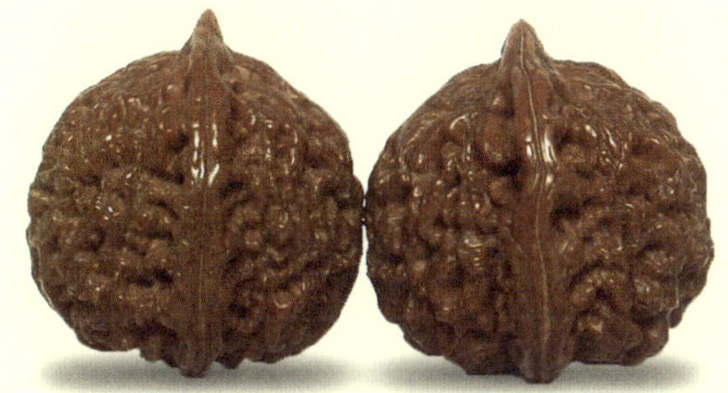

水龙纹狮子头

水龙纹狮子头产于河北易县深山中，皮质好，上色快，把玩出来呈牛筋红色，上手两年无任何瑕疵。异形核桃的配对难度极高，几千颗也不一定能配得上一对，是值得收藏的经典核桃！

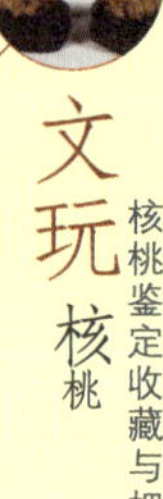

公子帽核桃

公子帽属于麻核桃的一种，是四大名核之一，主要分布在北京西北和河北涞水、易县、承德等地。特点是边特别大并且在连接尾（脐）的地方形成两个美丽的大兜儿，形状就像古代公子们头上戴的冠帽一样，很漂亮，故得名。

明清时期此种核桃为核桃中的极品，被王公贵族所垄断。随着时代的发展和人们审美情趣的变化，这一品种已大众化。但公子帽的形状、色泽以及上浆、挂瓷的快速，深受玩家们推崇。

三棱公子帽

★ 名品赏析

盘山公子帽

盘山公子帽是按地名命名的核桃。这种核桃的野生树在天津蓟州的盘山莲花岭。纹路深，花纹漂亮，密度大，分量重，最大的特点是皮质好，上手易红，揉出的颜色非常鲜艳，三棱的盘山公子帽更为精美，受到众多核桃爱好者的青睐。

名称：盘山公子帽（三棱）
产地：天津蓟州盘山莲花岭
尺寸：
边：40 毫米
高：37 毫米
市场参考价：单只价 3800 元～4000 元，成对价 1 万元～1.2 万元

名称：老树盘山公子帽（三棱）
产地：天津蓟州盘山莲花岭
尺寸：
边：38/38 毫米
高：37/37 毫米
市场参考价：4800 元～5000 元

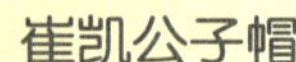

崔凯公子帽

崔凯公子帽是一种嫁接的文玩核桃，是由河北涞水长安庄人崔凯在2008年嫁接成功的一个公子帽品种。原产自河北涿鹿。这种核桃目前已被嫁接。此品种核桃个大，边大，形状漂亮，纹路浅，密度小，分量轻，皮质好，上手易红。

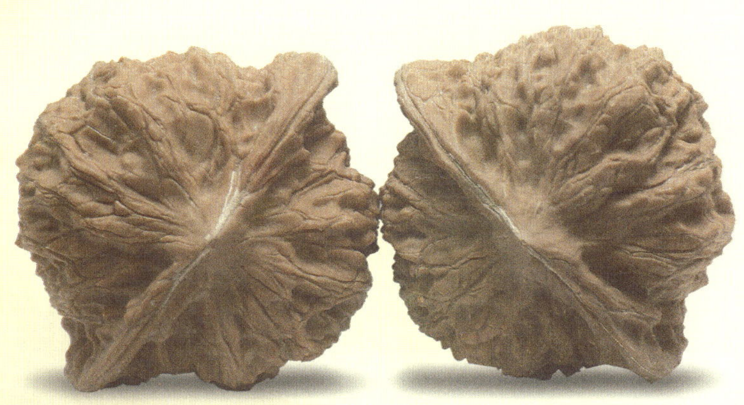

名称：崔凯公子帽

产地：河北涞水

尺寸：

边：45/45 毫米

肚：38/38 毫米

高：39/39 毫米

市场参考价：2500 元～2800 元

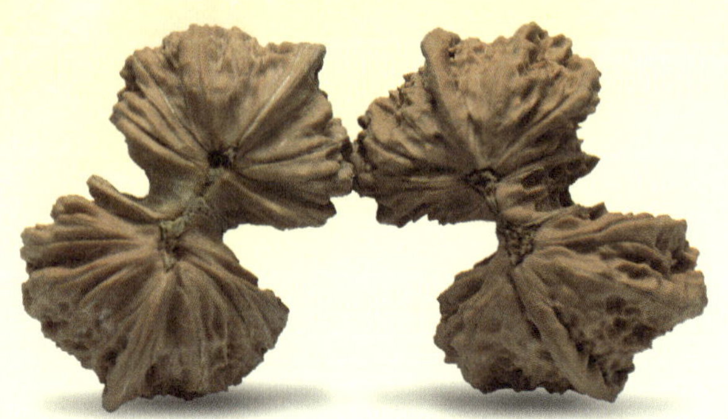

名称：崔凯公子帽（双棒连体）

产地：河北涞水

尺寸：

边：60.7/60.4 毫米

肚：39.3/39 毫米

高：43/42 毫米

市场参考价：3.6 万元～3.8 万元

名称：金刚纹公子帽（连体）
产地：河北涞水
尺寸：
边：50 毫米
肚：39 毫米
高：43 毫米
市场参考价：单只价 5000 元～ 5500 元，成对价 2.5 万元～ 2.8 万元

金刚纹公子帽

金刚纹公子帽也叫薄棱公子帽，其特点是纹理深邃，大宽边，小气门，有典型的老款公子帽特征。原产于河北邢台白岸乡深山中，现老树已不存在，后经涞水麻核桃基地嫁接，近几年产量略有上升。本品种属于大型果实类，尺寸多在40毫米以上，最大可达到50毫米。本品异形果实很少，纹理漂亮，把玩出来颜色呈牛筋红色，是值得新老玩家把玩、收藏的文玩核桃。

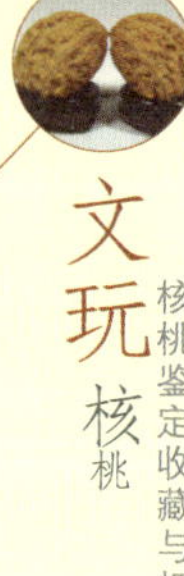

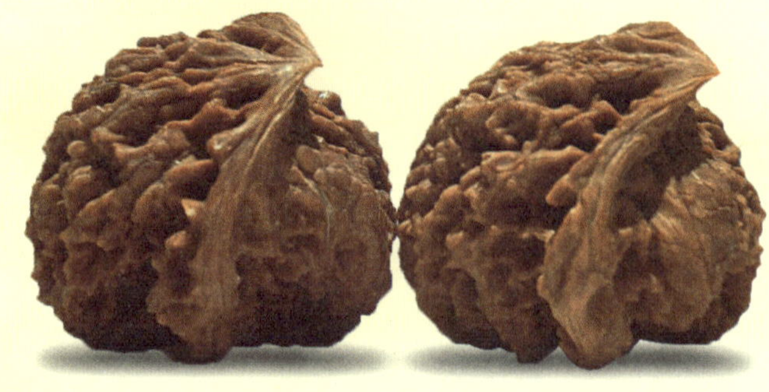

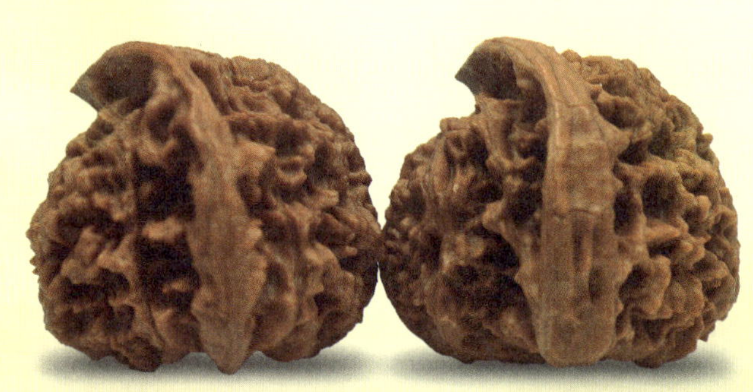

名称：金刚纹公子帽（眼镜蛇）

产地：河北涞水

尺寸：

边：47/47 毫米

肚：42/41 毫米

高：38.4/38.3 毫米

市场参考价：3.6 万元～3.7 万元

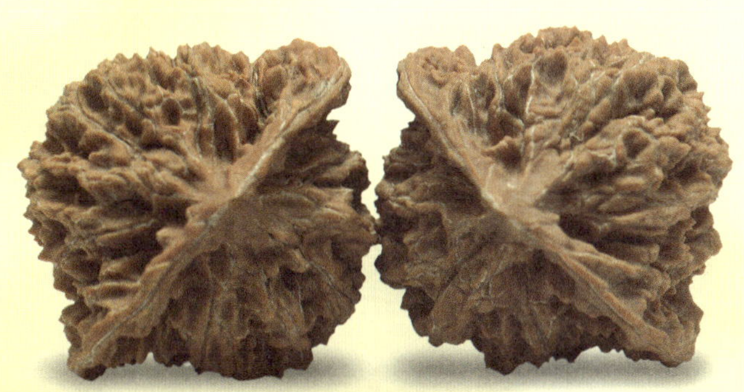

名称：金刚纹公子帽

产地：河北涞水

尺寸：

边：47/47 毫米

肚：42/42 毫米

高：42/42 毫米

市场参考价：8000 元～ 8500 元

名称：金刚纹四棱公子帽

产地：河北涞水

尺寸：

大边：44/44 毫米

小边：42/42 毫米

高：38/38 毫米

市场参考价：3 万元～3.5 万元

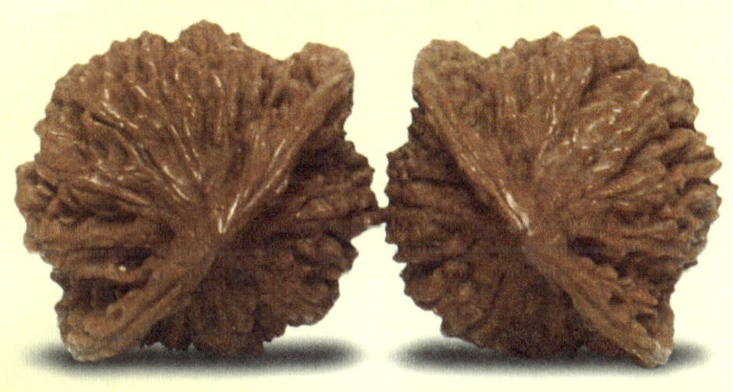

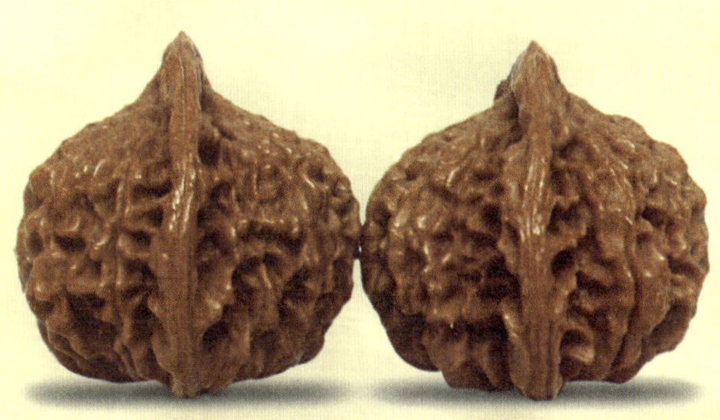

老款杨家坪公子帽

老款杨家坪公子帽产于河北省小五台山国家级自然保护区杨家坪管理区的深山中，其特点是瘪肚子，大宽边，形态酷似唐宋时期公子们戴的帽子。因为此品种是玩核桃的前辈们命名的老型公子帽，所以玩家们称它为老款杨家坪公子帽。

名称：老款杨家坪公子帽
产地：河北小五台山国家级自然保护区杨家坪管理区
尺寸：
边：46/46 毫米
肚：40.8/40 毫米
高：42/42 毫米
市场参考价：8000 元 ~ 8500 元

名称：杨家坪公子帽（三棱）

产地：河北小五台山国家级自然保护区杨家坪管理区

尺寸：

边：41 毫米

高：39 毫米

市场参考价：单只价 1800 元 ~ 2000 元，成对价 1 万元 ~ 1.2 万元

名称：杨家坪公子帽（怀抱子，单只）

产地：河北小五台山国家级自然保护区杨家坪管理区

尺寸：

边：50.5 毫米

肚：40.8 毫米

高：39 毫米

市场参考价：单只价 1 万元～ 1.3 万元，成对价 5 万元～ 6 万元

官帽核桃

官帽属于麻核桃的一种，是四大名核之一，也是手疗核桃的佳品。多产于燕山、秦岭东部。因其形状如明朝官员上朝时戴的帽子而得名。据业内人士说，官帽品种稀缺，明清两朝的皇帝、后妃、太监们把玩的居多。曾有“官帽在手，要啥有啥”的传闻。

★ 特点

官帽核桃矮而庄重，两棱宽而平直，尖钝而圆润。帽类的核桃的边一般来说都是又大又薄。官帽核桃的边从正面看偏瘦窄，从尖部向下的坡度较大，向下的趋势较明显。

官帽核桃

★ 名品赏析

中国大花官帽

所谓的中国大花官帽，其实就是一种刺状纹官帽，由于其纹理布满整个核桃，犹如百花争艳，故此得名。此品种皮质好，上色快，把玩后纹理层次感非常强，老年人把玩可以起到手疗的功效。

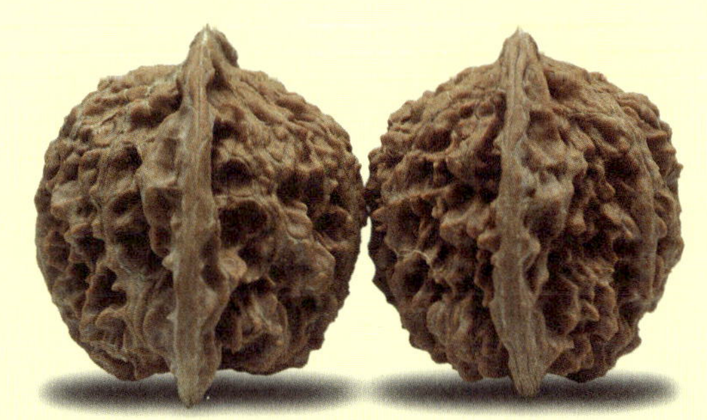

名称：中国大花官帽
产地：山西运城市夏县泗交
尺寸：
边：46/46 毫米
肚：38/38 毫米
高：41/41 毫米
市场参考价：5000 元 ~ 8000 元

文玩核桃
核桃鉴定收藏与把玩

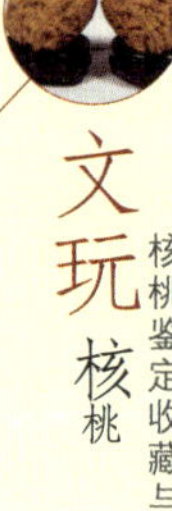

盘山大肚官帽

本品种产自天津蓟州区官庄镇沟河北村的一棵官帽老树。此品种多为大肚，高桩，深纹，平底，皮质较薄，上色较快，每年产量千余颗。因其肚子尺寸超大，上手把玩有一种非常涨手的感觉。

名称：大肚官帽（佛肚）

产地：天津蓟州盘山

尺寸：

边：37.5/37.2 毫米

肚：44.2/42.8 毫米

高：44/42.8 毫米

市场参考价：3800 元 ~ 4000 元

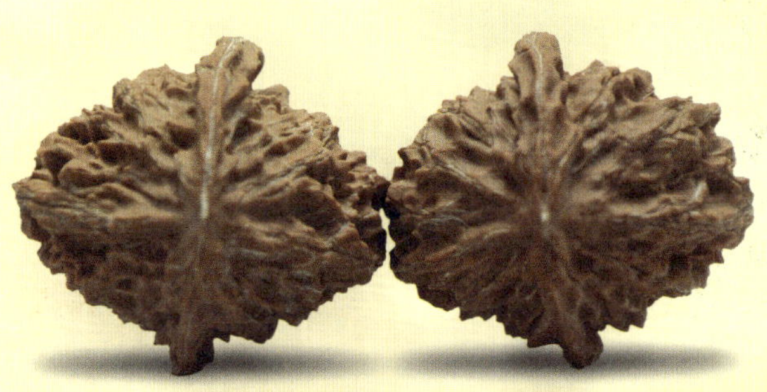

名称：盘山大肚官帽

产地：天津蓟州盘山

尺寸：

肚：46/46 毫米

边：39/39 毫米

高：43.2/42.2 毫米

市场参考价：2000 元 ~ 2500 元

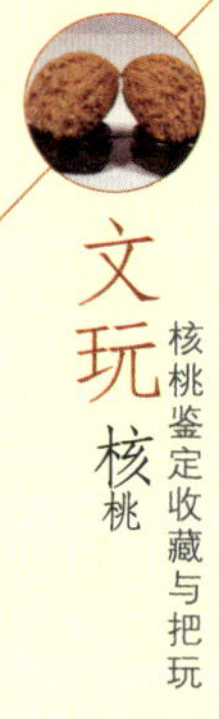

麒麟纹官帽

麒麟纹官帽属于涞水嫁接品种，因核桃纹理看起来酷似我国流传的瑞兽麒麟的鳞片而得名。当地核农称为王勇官帽，这是因为此核桃是由涞水虎过庄一位叫王勇的核农率先嫁接成活的，而后此品种的接穗都由他销售给其他的核农，故名王勇官帽。本品种属于大型果实类，近些年产量逐渐增加，生长过程中只要是独立生长的果子基本都被带上夹板模具，因受模具挤压控制大部分都是高桩。

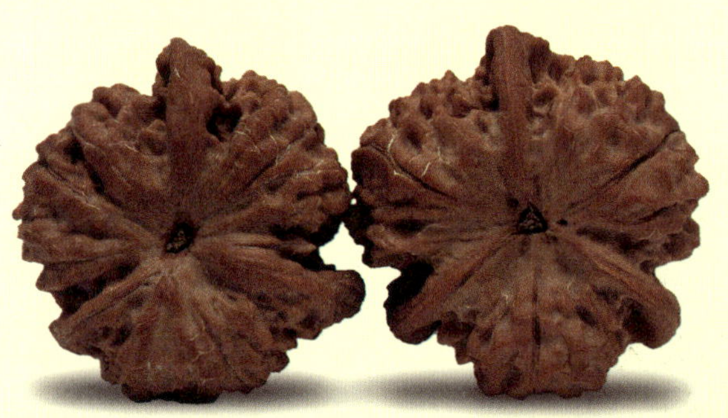

名称：麒麟纹官帽（三棱）

产地：河北涞水

尺寸：

边：48/47.8 毫米

高：41.5/41 毫米

市场参考价：7.8 万元 ~ 8 万元

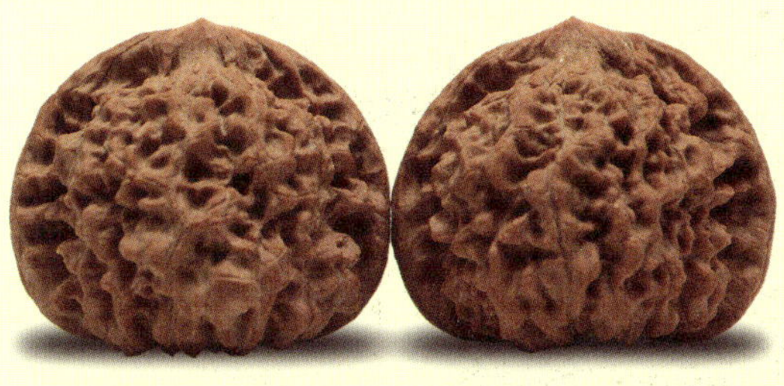

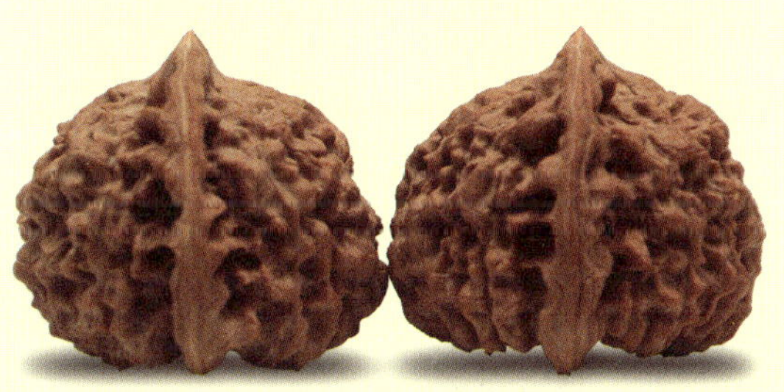

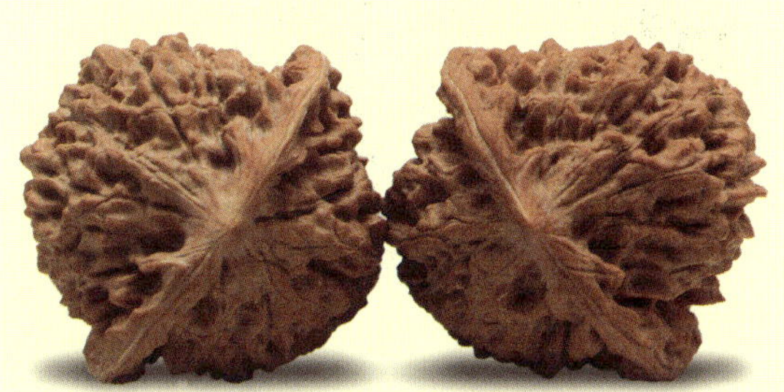

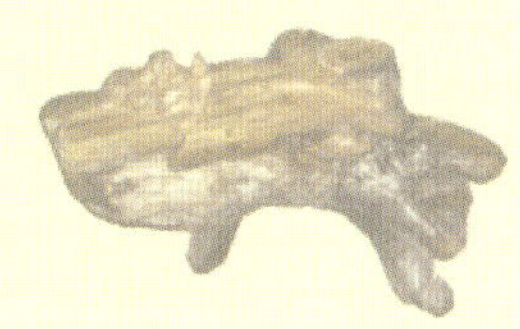

名称：王勇麒麟官帽

产地：河北涞水

尺寸：

边：48/48 毫米

肚：45/45 毫米

高：41.5/41 毫米

市场参考价：1.8 万元～ 2 万元

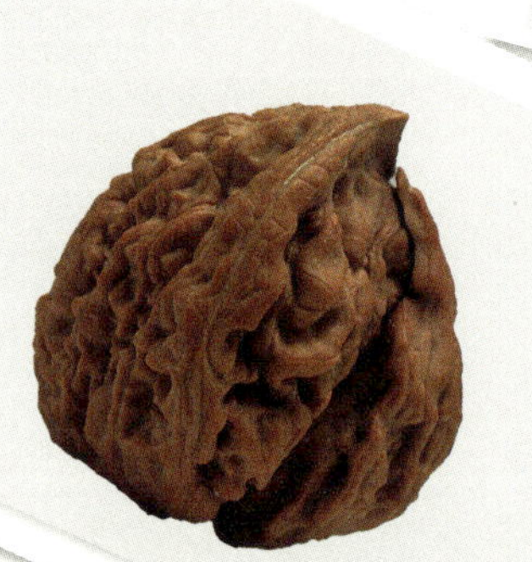

名称：王勇官帽（怀抱子）

产地：河北涞水

尺寸：

边：40.5 毫米

肚：39 毫米

高：41 毫米

市场参考价：单只价 2500 元 ~ 2800 元，成对价 1 万元 ~ 1.2 万元

名称：王勇官帽（花生）

产地：河北涞水

尺寸：

高：52.3/51.3 毫米

边：37/36.7 毫米

肚：37.8/36.8 毫米

市场参考价：1500 元 ~ 2000 元

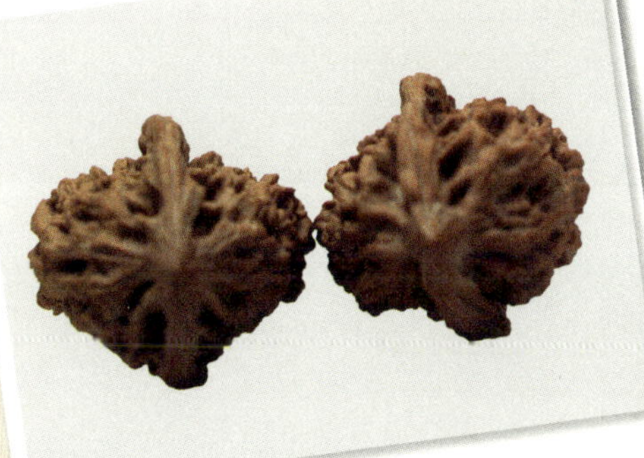

名称：王勇官帽（眼镜蛇）

产地：河北涞水

尺寸：

边：43 毫米

肚：42 毫米

高：37 毫米

市场参考价：单只价 2000 元 ~ 2500 元，成对价 6500 元 ~ 7000 元

野生官帽

野生官帽以核桃的外形命名。此品种产自河北深山。矮桩，皮质泛红，上手易红，纹路走向基本一致，因其纹路狂野、较深，有点儿接近满天星，所以当地核农称之为野生满天星官帽。

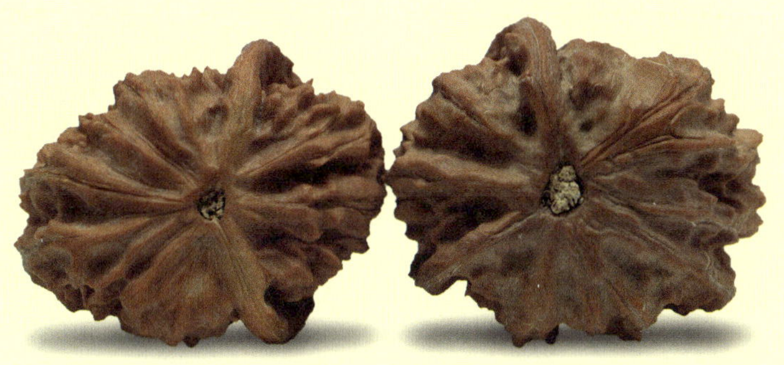

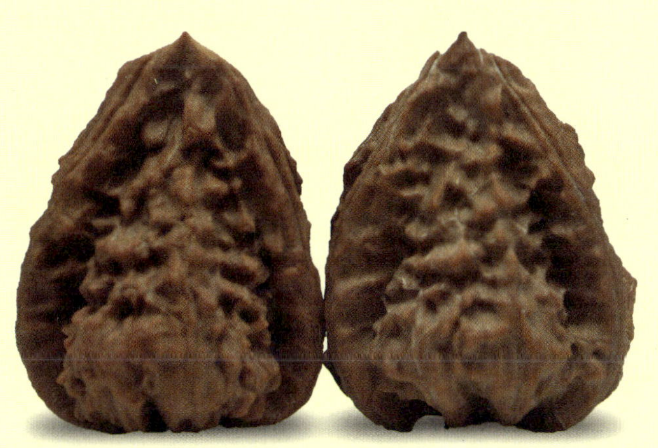

名称：野生官帽（佛洞）

产地：天津蓟州盘山

尺寸：

边：32/31 毫米

肚：40/39.4 毫米

高：43.2/42.2 毫米

市场参考价：6800 元～7000 元

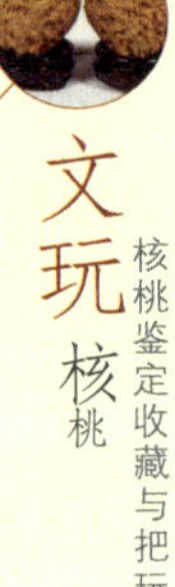

鸡心核桃

文玩核桃中最具代表性且历史久远的品种之一就是“鸡心核桃”，因为长得像鸡的心脏，所以得名。它是文玩核桃中一个重要的品种，是四大名核之一，也是常见的品种，深受大众的喜爱。

在京郊、冀、晋等地均有出产。鸡心也分为几个品种，很多人习惯把矮桩的鸡心叫桃心，最近几年因为嫁接的鸡心很多，所以很多老的品种都见不到了。现在常见的就是普通鸡心、桃心、鸭嘴鸡心。鸡心纹路网状多见，纹理大且较疏，顶较钝，底大而平。有的地方也产密纹的鸡心，但不多见。老人喜欢鸡心核桃的较多，握着的感觉比较舒服。

鸡心

名称：鸡心核桃

产地：河北涞水

尺寸：

边：45/45 毫米

肚：46/46 毫米

高：48/48 毫米

市场参考价：800 元～ 900 元

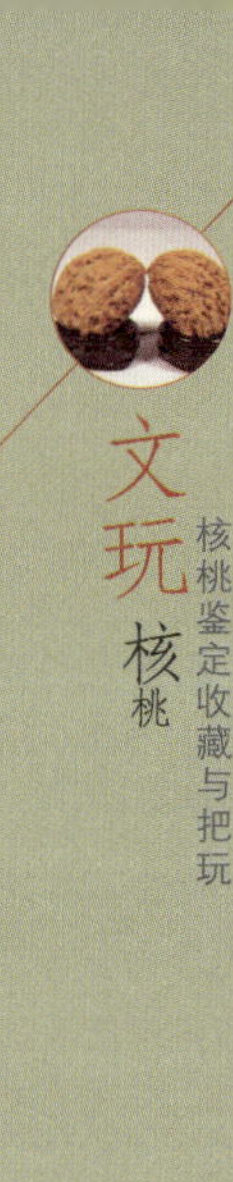

名称：鸡心佛肚（三棱）

产地：河北涞水

尺寸：

边：41/40.3 毫米

肚：40/39.3 毫米

高：47.7/47.2 毫米

市场参考价：3800 元～4000 元

名称：六棱桃心

产地：河北涞水

尺寸：

边：50 毫米

肚：48 毫米

高：54 毫米

市场参考价：单只价 1.5 万元～ 1.8 万元，成对价 5 万元～ 5.5 万元

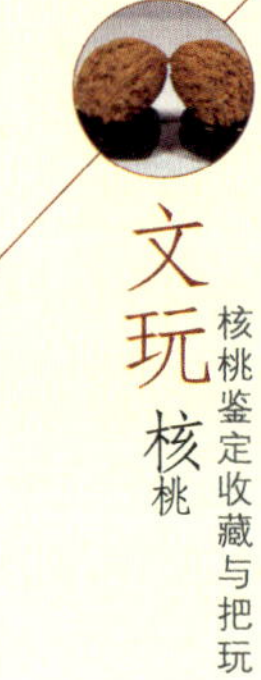

虎头核桃

虎头核桃是文玩核桃的一大类，是四大名核之一，也是文玩核桃中的珍品，还是手疗、微雕核桃的佳品。多产于河北、山西、天津西部。之所以叫虎头，是因为把虎头核桃倒过来看，核桃纹路形状犹如老虎头。

★ 特点

其特点是桩高，凸起大，棱条宽而直，纹路以点网状为主，上色快，挂瓷快，色泽以深咖啡色为主。

闷尖虎头

★ 名品赏析

麦穗纹虎头

涞水麦穗纹虎头属于嫁接培育品种，原产于北京房山区堂上村，老树早已被砍伐，现今市场上的麦穗纹虎头都是嫁接品种。此品种纹理如麦穗状，又是虎头品种，因此得名。也有的玩家叫它“堂上虎头”。

名称：麦穗纹虎头

产地：河北涞水

尺寸：

边：42/42 毫米

肚：40/40 毫米

高：38/38 毫米

市场参考价：2000 元 ~ 2500 元

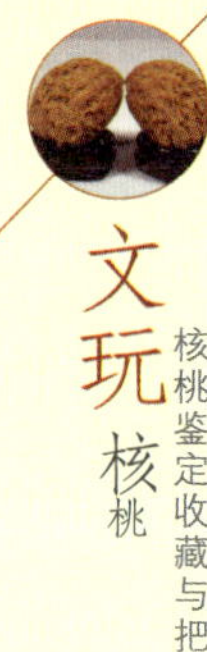

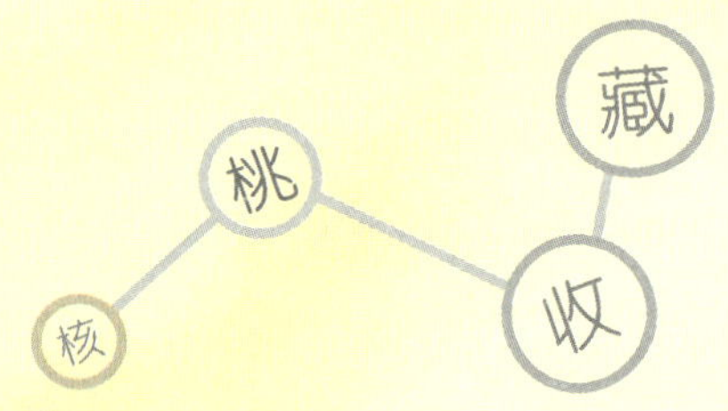

名称：麦穗纹虎头（鹰嘴）

产地：河北涞水

尺寸：

边：39/39 毫米

肚：39/39 毫米

高：41/41 毫米

市场参考价：6800 元 ~ 7000 元

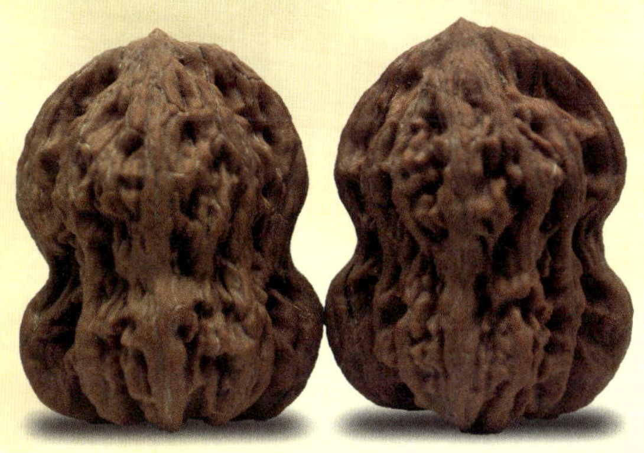

名称：麦穗纹虎头（花生）

产地：河北涞水

尺寸：

边：38/38 毫米

肚：35/35 毫米

高：40.5/40.2 毫米

市场参考价：2800 元 ~ 3000 元

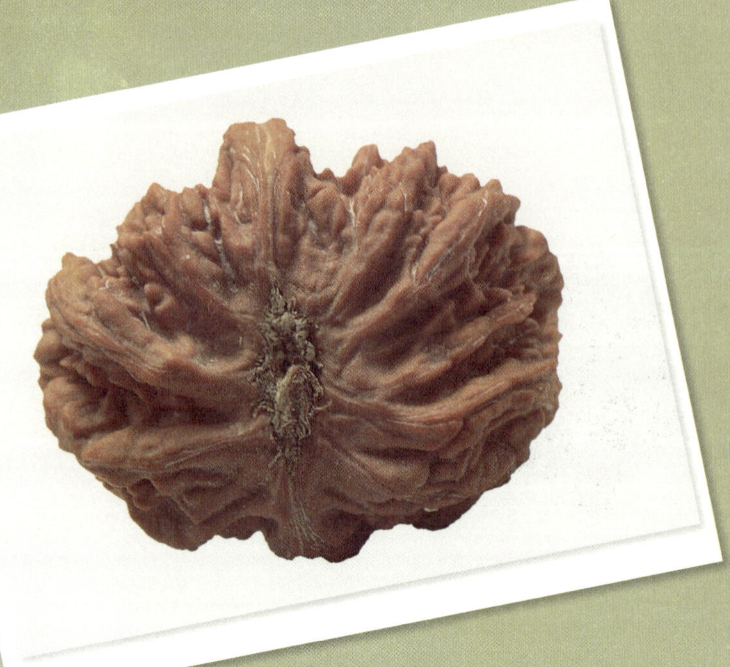

名称：麦穗纹虎头（大鹰爪）

产地：河北涞水

尺寸：

边：39 毫米

肚：37 毫米

高：40 毫米

市场参考价：单只价 3500 元 ~ 3800 元，成对价 1.2 万元 ~ 1.5 万元

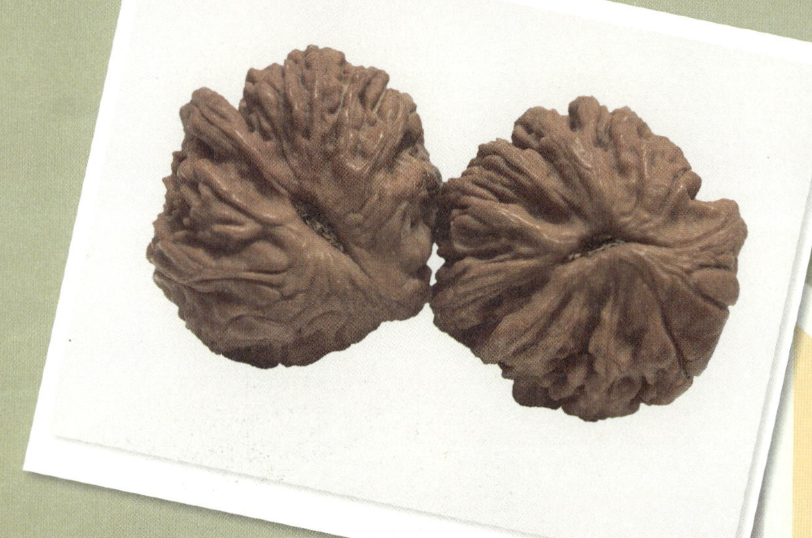

名称：麦穗纹虎头（小鸳鸯）

产地：河北涞水

尺寸：

边：33.2/33 毫米

肚：34.8/34 毫米

高：33.6/32.6 毫米

市场参考价：1900 元 ~ 2200 元

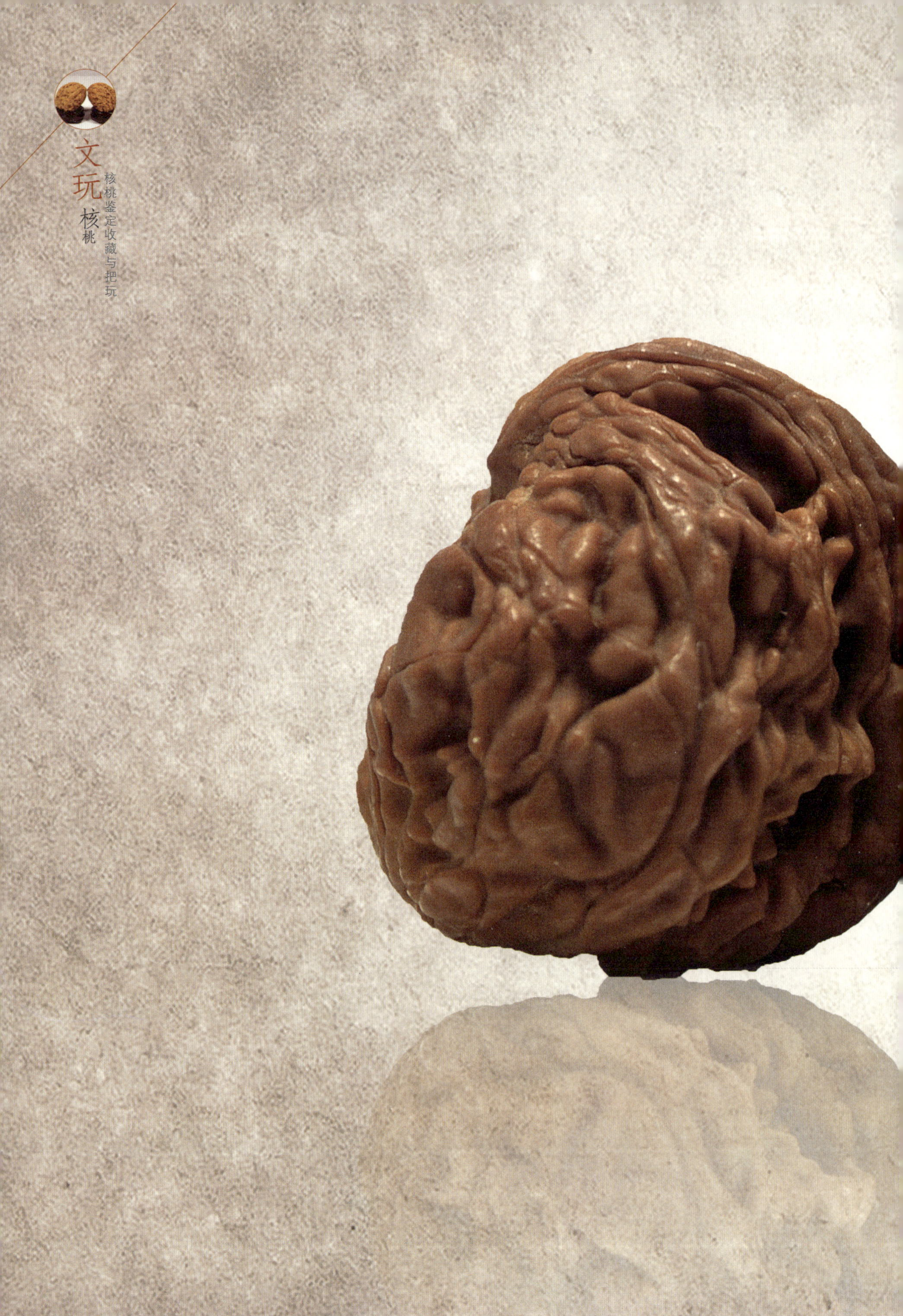

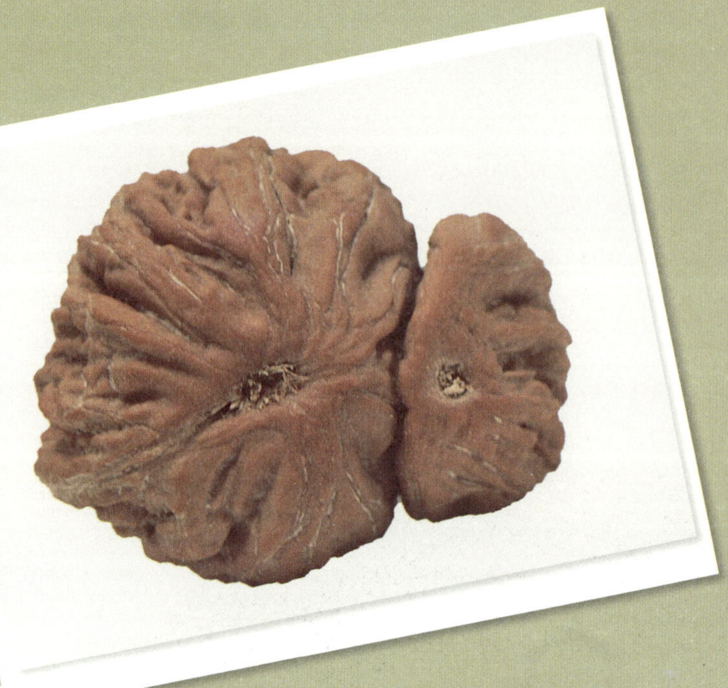

名称：麦穗纹虎头（犀牛角）

产地：河北涞水

尺寸：

边：45 毫米

肚：43 毫米

高：39 毫米

市场参考价：单只价 8000 元～8500 元，

成对价 2.6 万元～2.8 万元

名称：麦穗纹虎头（三棱）

产地：河北涞水

尺寸：

边：43 毫米

高：42 毫米

市场参考价：单只价 3000 元 ~ 3500 元，成对价 1 万元 ~ 1.3 万元

虎头王

虎头王纹理细腻，大尺寸较多，宽筋平底，上色快，产于北京延庆大庄科乡的深山里，每年产量很低，结出的果大多尺寸在45毫米以上，深受核桃玩家的喜爱。

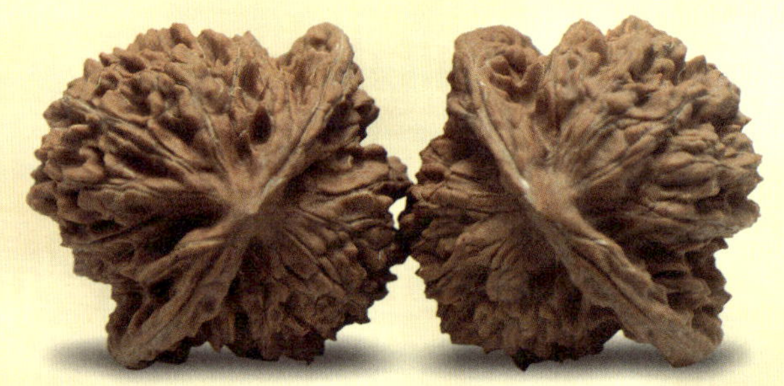

名称：延庆虎头王

产地：北京延庆

尺寸：

边：46/46 毫米

肚：43/43 毫米

高：47/47 毫米

市场参考价：6000 元～ 7000 元

名称：闷尖虎头

产地：天津蓟州盘山

尺寸：

边：43/43 毫米

肚：42/42 毫米

高：45/45 毫米

市场参考价：3800 元 ~ 4000 元

闷尖虎头

天津蓟州盘山闷尖虎头是一个很原始的闷尖虎头品种，皮质好，上色快，手头沉，明显的“山”字形闷尖，以纯野生著称。唯一的缺点就是底座属于收底，平放在桌面上，很难站稳，但还是有很多玩家喜欢此品种的厚重感。

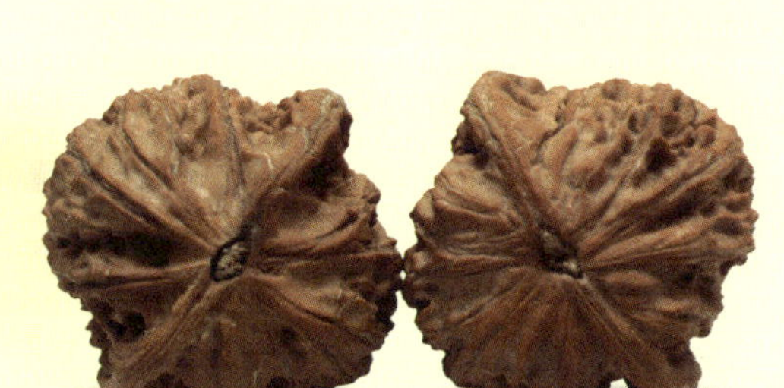

文玩核桃
核桃鉴定收藏与把玩

野生虎头（三道筋）

野生虎头（三道筋）产于北京市房山区上方山云水洞的深山中。此树结下的果实都为三道筋虎头，因其无人看管，快到核桃成熟季节时引来周边众多百姓哄抢采摘。大多核桃成熟度较差，分量较轻，但因是野生树种，地下矿物质很多，即使核桃成熟度较差，上色也很快。多为平底，宽筋，纹理较浅。配对率较高，大多都在北京市场上销售。

名称：野生虎头（三道筋）
产地：北京房山区上方山
尺寸：
边：35.7/35.7 毫米
肚：35.8/35.7 毫米
高：42/41.8 毫米
市场参考价：3900 元～4200 元

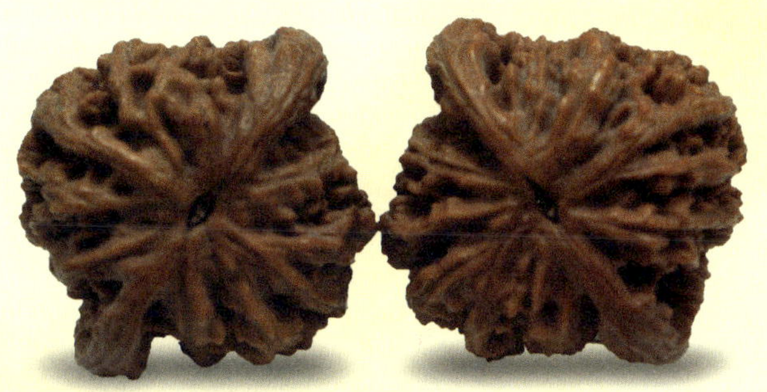

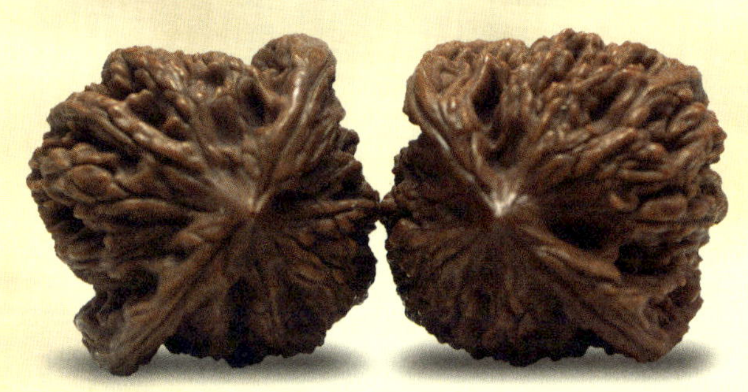

狮虎兽

狮子头是四大名核之首，历来为玩核爱好者所追求。虎头是近几年巧借狮子头之名而产生的新叫法，无非是商家想借狮卖虎，但好虎还是有的。狮虎兽就是夹板的虎头。39毫米的虎头夹一下，摇身变成43毫米的，身价从几百一下变成了几千。夹板虎头的特点是利用模具控制核桃往高桩上发展，而使其边与边的直径增大。

名称：狮虎兽

产地：河北涞水

尺寸：

边：45/45 毫米

肚：43/43 毫米

高：39/39 毫米

市场参考价：6000 元 ~ 7000 元

文玩
核桃
核桃鉴定收藏与把玩

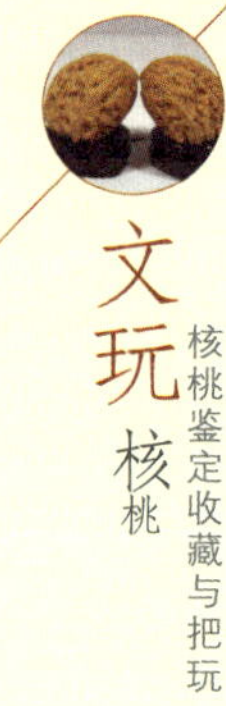

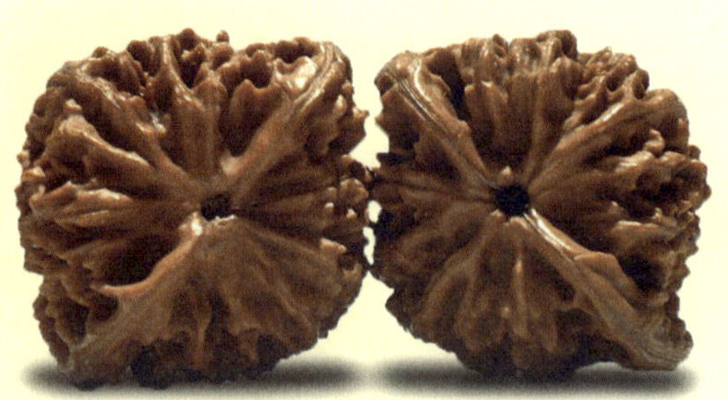

野生邢台豹纹虎头

邢台豹纹虎头是野生品种，老树已经被砍伐，现今市场上很难见到此品种。其纹理犹如豹皮上的斑点一样均匀，又是虎头的品种，因此得名。也有的玩家叫它“满花虎头王”。

名称：野生邢台豹纹虎头

产地：河北邢台

尺寸：

边：42/42 毫米

肚：38/38 毫米

高：40/40 毫米

市场参考价：4000 元～ 5000 元

罗汉头核桃

罗汉头核桃是以核桃的形状和纹路来命名的核桃，产自河北、陕西、甘肃一带。形状以椭圆形为主，因尖小且棱底形如和尚头而得名。罗汉头分为两种，一种为细纹罗汉头，一种为粗纹罗汉头。特点是分量足，颜色较深，皮质好，上手易红，上浆、挂瓷快，其纹路很有特点，纹路深、不规则、凹凸无序。

野生粗纹罗汉头

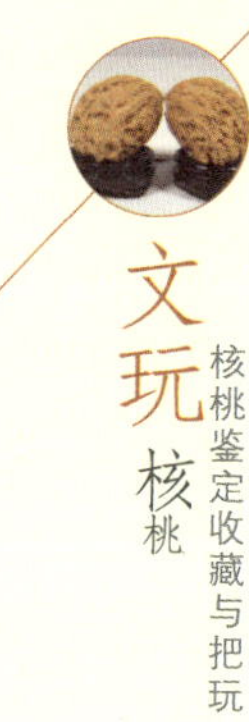

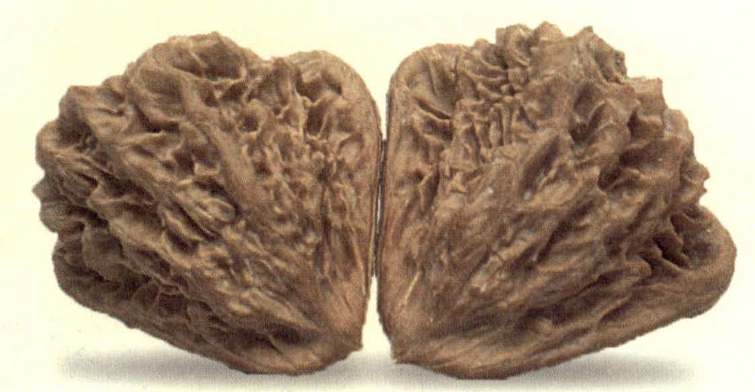

★ 名品赏析

罗汉头异形（愤怒的小鸟）

罗汉头异形（愤怒的小鸟）是河北省定州市农科院麻核桃种植基地研发的，这是一种利用罗汉头品种扣上一种特殊的窝头式夹板模具控制其生长而形成的一种人工异形核桃，因其酷似一款游戏中愤怒的小鸟的形象，后来玩家给它起名为罗汉头愤怒的小鸟。把玩红润后，摆在客厅的橱柜里显得很漂亮。

名称：罗汉头异形（愤怒的小鸟）

产地：河北定州

尺寸：

边：40/40 毫米

肚：41/41 毫米

高：38/38 毫米

市场参考价：800 元 ~ 900 元

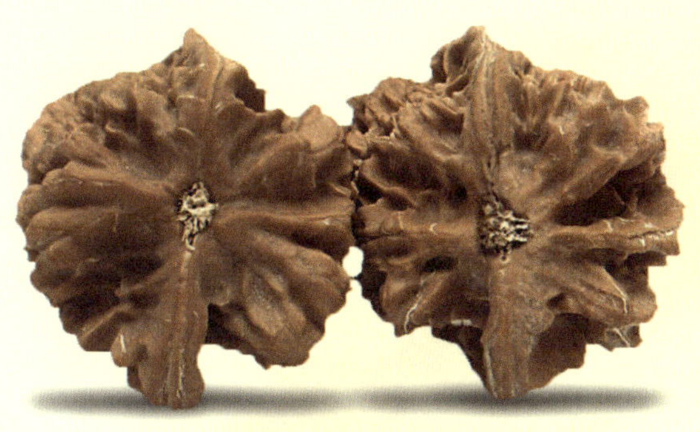

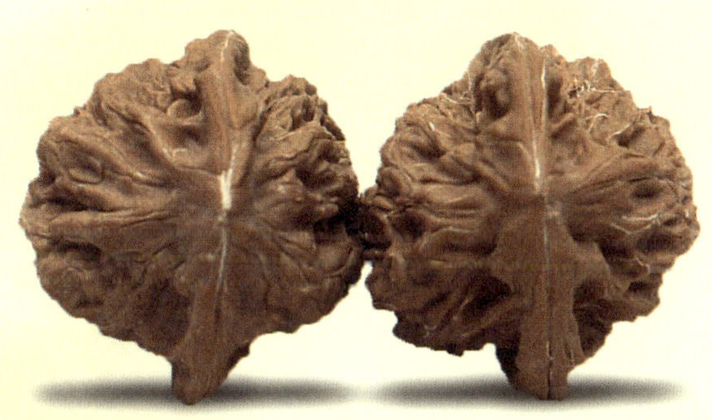

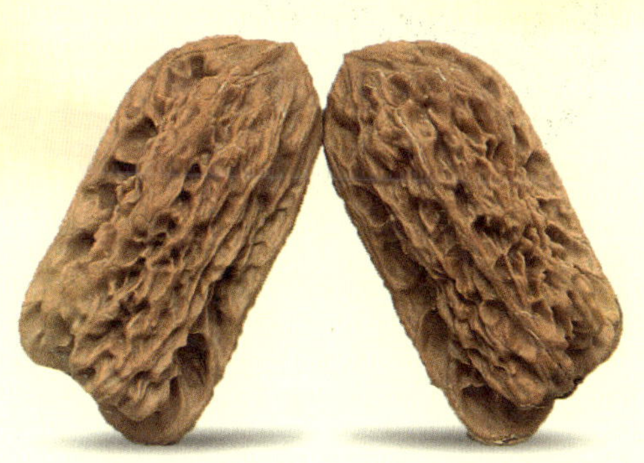

名称：罗汉头异形（豌豆荚）

产地：河北定州

尺寸：

边：30/30 毫米

肚：31/31 毫米

高：48/48 毫米

市场参考价：1500 元 ~ 1800 元

楸子核桃

楸子是文玩核桃里的一个代名词，当大部分玩家还没玩核桃的时候，楸子核桃亦是当时玩家的掌中宝。楸子产地分布广泛，东北的大兴安岭、小兴安岭、长白山以及北京周边山区均有分布，产量虽高，但精品少之又少，不像嫁接品种，一个品种可嫁接成百上千棵树，出产精品多。由于水土、气候原因，生活在东北严寒地带的柳叶楸子被嫁接到北京地区，虽然成活，但结果数量明显下降，皮质、纹路、分量也有明显差别。

当四大名核慢慢被人熟知后，楸子悄悄淡出了人们的视线；当嫁接狮子成风的时候，野生的楸子树在不断地遭到人为的破坏。

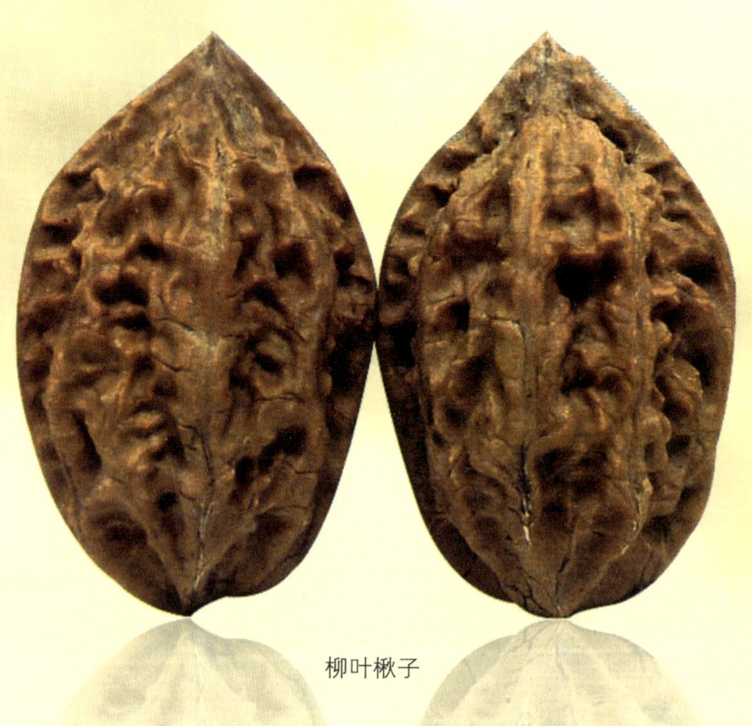

柳叶楸子

★ 名品赏析

楸子（犀牛望月）

黑龙江五常市的沙河子镇，位于市境东南部，松花江南岸，属于长白山余脉，东以张广才岭与海林市分界，南、西两面与吉林省舒兰市毗邻，拉林河水南北贯通。此处山清水秀，东、南、西三面多高山，最高的大秃顶子山海拔1690米。四季分明，境内森林资源丰富，有林场10处。有奇山必有奇物，这里有一棵老核桃树，此树枝叶参天，其果实奇大无比，青皮能达到10厘米，干果长可达7.5厘米。被人采摘后流入市场，其形怪异，肚大尖长，顶部犹如玲珑宝塔。进入津京一带后，被玩家命名为塔尖楸子，原树每年都会产几颗异形果实，比如连体、鹰嘴或者是犹如犀牛望月的楸子连体。据说，发现此树的宋某由于不知该树具有很高的商业价值，贪图小利，被人以50元钱收买，把此树的位置告知了别人，接下来几年，此树果实被外来者垄断。宋某由于没有得到更多的利益，一气之下，把目前所发现的仅有的一棵老树，贴着地皮砍断。这棵历经百年沧桑的老树就此消失了。

名称：楸子（犀牛望月）

产地：吉林长白山

尺寸：

边：45.5 毫米

肚：40 毫米

高：39.5 毫米

市场参考价：2000 元 ~ 2500 元

文玩核桃
核桃鉴定收藏与把玩

名称：楸子异形（小鸟）

产地：吉林长白山

尺寸：

边：30/30 毫米

肚：27/27 毫米

高：37/37 毫米

市场参考价：1000 元～1500 元

楸子异形（小鸟）

吉林长白山野生核桃，因其产量极大，形状大多是高桩，一般的核桃市场价格多为几元钱，但异形核桃深受玩家喜爱，特别是此类异形小鸟核桃。由于产量较低，配对难度大，因此打破了楸子价格低廉的常规。

后记

postscript

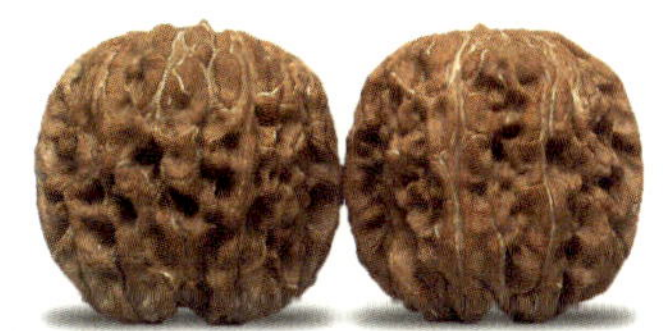

文玩核桃也叫健身核桃，又称掌珠，古时称“揉手核桃”。追溯起来，它起源于汉，流行于唐宋，盛行于明清。在两千多年的历史长河中盛传不衰，形成了世界上独有的核桃文化。

俗话说：“贝勒手上有三宝，扳指、核桃、笼中鸟。”由此可见，在清朝，核桃深受社会上层的青睐。清朝乾隆皇帝不仅是鉴赏核桃的大家，据传还曾赋诗赞美核桃：“掌上旋日月，时光欲倒流。周身血气涌，何年是白头？”宫内玩核桃之风，自然也影响到了民间。清末在北京民间就流行着这样的民谣：“核桃不离手，能活八十九。超过乾隆爷，阎王叫不走。”

当今，越来越多的人钟情于文玩核桃，把玩观赏文玩核桃可以在休闲中养生，在静谧中体悟人生。为了满足当下读者的阅读需求，我们特意编辑本书，以期为读者提供一定的帮助与方便。为了将本书编写得更具专业性与科学性，我们来到天津市南开区，走访了经营文玩核桃的专业机构——核源山庄。核源山庄的负责人石琨先生热情接待了我们。在店里我们见到了许多精美的老核桃，并同石琨先生就文玩核桃展开了一系列探讨，还拍摄了大量精美的图片，收获颇丰。在此，向核源山庄的石琨先生表示衷心的感谢！

另外，我们还要感谢所有为本书的编辑提供过帮助的朋友。希望此书能切实地帮助广大核桃收藏爱好者。

文玩核桃：鉴定收藏与把玩

编 | 委 | 会

● **主　编**

任泉溪

● **副主编**

任　佳　王丙杰　贾振明

● **编　委**

玮　珏　苏　易　张怡轩

陶若珑　王炜宁　王俊宇

白若贤　叶晓雯　白　羽